中国工运史料丛书
004

第三次全国劳动大会史料汇编

中国工运历史研究出版中心
全总工会理论和劳动关系智库基地（文献资料中心）◎编

中国工人出版社

图书在版编目（CIP）数据

第三次全国劳动大会史料汇编 / 中国工运历史研究出版中心，全总工会理论和劳动关系智库基地（文献资料中心）编. —北京：中国工人出版社，2023.8
ISBN 978-7-5008-8216-9

Ⅰ. ①第… Ⅱ. ①中… ②全… Ⅲ. ①中华全国总工会–代表会议–史料 Ⅳ. ①D412.3

中国国家版本馆CIP数据核字（2023）第160778号

第三次全国劳动大会史料汇编

出 版 人	董　宽
责任编辑	李　丹　罗　娜
责任校对	张　彦
责任印制	栾征宇
出版发行	中国工人出版社
地　　址	北京市东城区鼓楼外大街45号　邮编：100120
网　　址	http://www.wp-china.com
电　　话	（010）62005043（总编室） （010）62005039（印制管理中心）
发行热线	（010）82029051　62383056
经　　销	各地书店
印　　刷	三河市东方印刷有限公司
开　　本	880毫米×1230毫米　1/32
印　　张	9.375
字　　数	201千字
版　　次	2023年12月第1版　2023年12月第1次印刷
定　　价	75.00元

编辑出版说明

中国工人运动史料是中国共产党红色资源的重要组成部分，也是中国工运独具特色的精神财富，具有重要的研究和借鉴价值。2021 年，中国工人出版社启动“工藏：中国工运史料文库”融合出版项目，倾力挖掘、搜集和整理中国工运历史资料，并将在 2025 年中华全国总工会成立 100 周年之际，同步推出史料文集、线上平台和数据库等不同形态的成果。先期出版的中国工运史料丛书，专题汇编较为重要的中国工运史料，是这一融合出版项目推进过程中的阶段性成果。

首批推出的中国工运史料丛书共 7 卷，分别为《历次全国劳动大会文献汇编》、《第一次全国劳动大会史料汇编》、《第二次全国劳动大会史料汇编》、《第三次全国劳动大会史料汇编》、《第四次全国劳动大会史料汇编》、《第五次全国劳动大会史料汇编》和《第六次全国劳动大会史料汇编》。以这样大的规模完整推出新民主主义革命时期历次全国劳动大会的文献和史料，在中国工会历史上还是第一次。编辑出版过程中，一方面补充了过去未曾收集到的大会文献，另一方面收录了文电文稿、报刊报道和亲历者回忆等珍贵史料，并且逐一进行溯源考证，让这一出版成果更具历史价值。

此次出版的全国劳动大会史料汇编，除《历次全国劳动大会文献汇编》外，其他 6 卷在体例上统一分为“大会文献”、“文电文稿”、“报刊报道”和“附录”四部分。“大会文献”包括历次全国劳动大会发布的正式文件，包括中国共产党给大会的贺信、会议开幕词、报告、决议、章程、选举结果、闭幕词、宣言等。“文电文稿”包括与历次全国劳动大会有关的文电和文章，即以大会名义或中华全国总工会、中国共产主义青年团等其他团体所发电文，以及工运领袖对大会的综述等。“报刊报道”包括当时各报刊对大会相关动态的报道和评论。“附录”在汇编会议历史背景资料的同时，也收录了部分大会亲历者的回忆文稿。

最大限度地保存历史原貌，这是中国工运史料丛书的编纂原则。各类文字严格限定原始资料，并尽可能追溯最早文本，部分资料依照最新权威版本做了订正；回忆文章严格限定亲历、亲闻、亲见，不用后人编纂的文章；对原始资料文本逐字逐句考证，除改正明显错字、错排内容外，均保留原文，包括当时的混用字；原文有漏字或空白处，只要不产生阅读歧义，均不做推测、填补，以“□”代之。需要读者注意的是，在当时的历史条件下，有些话题的表述与今天或有不同；有些名称、数据亦不统一，为保存史料原貌，我们在编辑过程中未做修改，均保留原样。

历史资料浩如烟海，很难尽善尽美。如若发现编纂错讹或有新的史料补充，竭诚期待告知编者（grcbsgz@126.com），以便今后修订增补。

《第三次全国劳动大会史料汇编》

主　　编

张　刃

副 主 编

蒋佩轩

学术编辑

李　丹　罗　娜　王功彬

数字编辑

吴　倩

目　录

大会文献

文电文稿

报刊报道

附　录

大会文献

中国共产党致第三次全国劳动大会信*

第三次全国劳动大会代表诸同志们：

去年第二次劳动大会后，接着便发生了中国历史上空前的民族革命运动——五卅运动；在此次运动中，中国的工人阶级，尤其上海和香港工人，表现出惊动世界的战斗力，不但使帝国主义及军阀震恐，并且使中国的资产阶级震恐；香港工人至今尚能支持一年的政治罢工，上海工人也能保持为从来所未有的群众组织，这是使今年的大会比上年的大会，更有新的生命。

现时中国工人阶级的组织，在全国人口比例上虽然还很幼稚，而在政治争斗上，弱小的中国工人运动，已在世界革命影响上收了很大的结果；这是因为工人运动一开始，不但有静的组织，而且有了动的政治争斗——民族革命的争斗，使计算世界革命力量的人，不得不把中国工人的力量列入。

现在反动军阀的势力又布满了北京，使北方的工人运动，尤其是路工和矿工运动受很大的打击；然而崩溃中的中国军阀，决不能长期的维持其统治地位，我们工人群众正应在此反动时期中，格外努力积聚我们的力量，即静的组织力量，以备马上将来的动的政治争斗——与军阀决死战的最后争斗。

我们以后积聚我们的组织力量，不应仅仅是产业工人，并

* 本文原载一九二六年五月一日出版的《向导》周报第一百五十一期。

要普及于一般劳苦群众，以扩大我们在数量上的战斗力；我们的力量在数量上增加了，我们的力量在争斗的质量上也是会增加的。而且，我们不但要组织一般劳苦的工人群众，并且要和劳苦的农民群众组织亲密的同盟，领导他们参加一切经济的政治的争斗，才免得工人阶级孤军独战之困难，因为现时中国工人的数量在全中国人口比例上还是很小。

总之，我们必须努力扩大及巩固全国工人农民及一切劳苦群众的联合战线，才能够抵抗一切特权阶级的压迫，以至获得我们政治争斗的初步胜利——民族革命的胜利。

本党是代表中国工人及农民利益而奋斗的党，本党目前的职责，是领导中国工人农民参加中国民族革命的争斗；同时，在民族革命中，代表中国工人农民利益而争斗。

本党和工人同志们携着手奋斗已经四五年了，现在方开始和农民携手走上战线，因此，在此次大会提出“全国工农及一切劳苦群众大团结”的口号，以贡献于大会，并祝大会之成功。

第三次全国劳动大会万岁！

中国劳动运动万岁！

中国工农大团结万岁！

中国革命万岁！

世界革命万岁！

中国共产党中央执行委员会

一九二六年四月二十日

（依照中央文献出版社 2011 年《建党以来重要文献选编》第三册订正）

第三次全国劳动大会会议规则

第一条　本会选举主席十五人组织主席团，本会议事日程，由主席团编定。

第二条　必有各该工会正式证书经审查合格，由本会经给出席证之代表，才有表决权，凡有过半数代表之出席即为正式会议。

第三条　每一代表有一表决权。

第四条　各种议案经出席代表过半数之表决通过，即为议决案。

第五条　凡临时提案须有三人以上之附议方得成立议案，再由主席交会议讨论。

第六条　讨论某一议案时，每代表发言以三次为限，第一次廿分钟，第二次十分钟，第三次五分钟（但翻译时间不在此限）。

第七条　代表发言时须起立，不能与人同时发言，如有争论时由主席临时指定发言之先后。

第八条　会场秩序由主席维持，如有扰乱会场，由主席选派人扶出会场，再提交会议处置。

第九条　议案表决法由主席临时决定。

第十条　表决议案如赞否人数相等时，则取决于主席。

第十一条　会议时间每次以三小时为限，但遇必要时，主席得延长之。

第十二条　会议时各代表非有要故，不得离席，如离席时，须经主席特准。

第十三条　本规则经大会通过后即发生效力。

（《工人之路特号》，第三百零六期，
1926 年 4 月 30 日，第三版）

开　幕　词*

邓中夏

工友们！农友们！

今天是中国第三次全国劳动大会及广东省农民大会两个大会，在广州举行开幕典礼，我们表示无限的欢欣。同时，我们也表示无限的哀痛！自从去年的“五一”节第二次劳动代表大会与广东第一次农民代表大会开会以后，到现在这一年中，我们工人农民曾经做了不少的工作，表现我们农工在中国革命工作上非常努力，而且无时无刻不是站在反帝国主义、反军阀的战线前面！我们在这一年内有几件很重大的事情，现在可以简单地说一说。

我们记得在去年五月，我们在中国革命策源地——广州，开了工农大会之后，就有杨、刘叛乱，遂有平定杨、刘的战争。在这次战争当中，因为我们工人农人都很努力，所以不到一个礼拜，便把杨希闵、刘震寰打倒，而现在中国唯一的革命政府——国民政府，便在这个时候成立了。同时，上海五卅惨杀已经发生了——是帝国主义者对我们爱国同胞的屠杀，并且在青岛、汉口、九江、南京、广州、重庆等处施行同样的屠杀，

* 本文原载一九二六年五月三日出版的《中国第三次全国劳动大会会刊》第二期。

所以凡爱国同胞无不起来努力奋斗，以是才有五卅运动；而五卅运动遂至普遍全国，上海的工人罢工有三个多月，省港罢工有十个多月。从这次奋斗看来，我们工人农民在反对帝国主义的运动中，是一个很重要的势力。不久又有北洋军阀张作霖压迫爱国运动的举动，工人农民更起来参加反奉战争，在这次的战争中，表现我们工人农人的努力奋斗亦是不少。

现在中国的革命潮流，已经高涨不少，这种革命潮流之高涨，可说是我们工农努力的结果。所以不及一年，我们工农团体的数量，便有很大的发展，这是值得欢欣的。

但是这种运动当中，我们的兄弟、我们的领袖，实在牺牲不少。这些兄弟领袖都是为打倒帝国主义、军阀而牺牲，如在上海便有刘华同志、顾正红同志，在安源有黄静源同志，青岛有李慰农，正太路有高克谦，天津、河南也牺牲了不少的同志，尤其是省港罢工牺牲的纠察队的同志更多。我们对于这些损失，自然是非常哀痛，但我们同志要因此更加努力，我们要继续已死同志的未竟的工作！我们要准备继续他们而牺牲！所以我们在这次大会当中，要集中我们的力量，并与各阶级建立联合战线，这便是今天开会的重大意义，并且希望全体工友一致努力！我们高呼：

全中国工农阶级团结起来！

打倒帝国主义！

打倒军阀！

打倒买办阶级！

打倒土豪劣绅！

打倒一切反革命派！

中国革命成功万岁！
世界革命成功万岁！

（中华全国总工会中国工人运动史研究室编：
《中国工会历次代表大会文献》，工人出版社，
1984 年，第 52–53 页）

一年来中国职工运动的发展*

刘少奇

各位代表：

今日主席团要我来报告中国职工运动的发展；我所报告的范围，只限于一年来中国职工运动的发展。换句话说，就是自第二次劳动大会至第三次劳动大会之间中国职工运动发展的情形。

一、第二次劳动大会前后之中国职工运动概况及第二次大会之意义

1. 政治状况：当中国第一次劳动大会之前，帝国主义者在中国发生了利害冲突；此时北方之奉、直战争，吴佩孚被张作霖逐到岳州，表面上虽是中国国内战争，其实是英、日两帝国主义者的战争。这次战争的结果，英帝国主义之工具——吴佩孚的势力已消沉下去；张作霖则依靠日本势力而伸张兵力于长江一带。同时，日本帝国主义者，又利用其老工具段祺瑞执政中央。如是，英帝国主义者，在中国的势力，一时衰落，而日本帝国主义者势力则极为伸张。英、日两国在中国的利害冲突

* 本文原载一九二六年五月出版的《政治周报》第十三期和一九二六年九月出版的《政治周报》第十四期。

起来，造成中国的内乱；中国的革命运动，同时也得一个发展的机会。

2. 中国军阀政治的动摇：此时段祺瑞虽执中央政权，但并无实力，不过做奉张的傀儡而已；同时，国民军也甚有势力，比较与民众接近。那时张作霖因无统治中国的能力，段祺瑞更无法号令任何军阀；同时接近民众的武力——国民军也产生了。当此军阀政治并未稳固之时，所以无论任何派军阀对于民众尚不敢十分压迫，而中国职工运动得有发展的机会了。

3. 国民革命潮流之高涨：奉直战争发生，国民革命的空气普遍全国，各处都有国民会议促成会之组织。斯时孙中山先生乘机北上，极力宣传，此时国民革命的潮流十分高涨。还有一事，即孙先生之死。固然，中山先生死了，中国革命要受很大的损失，然在各地纪念会之举行，全国民众对于国民革命的意义，亦更明了；革命运动的空气，反因是而更加高涨。国民运动潮流之高涨，当然影响职工运动之发展。

4. 中国职工运动自“二七”失败后，至此已到复兴时期：在此时上海有二万工人之大罢工，青岛亦有万多工人之罢工，“二七”后在北方被封之各铁路工会，亦于此时恢复起来，湖北一带工会，亦渐次恢复而发生罢工，又广东之铁路工人罢工，兵工厂工人罢工，援助革命政府，肃清刘、杨，此为中国职工运动复兴之现象。

5. 中国第二次全国劳工大会之工作及其影响：各位或有参加过第二次劳动大会的，此次大会的重要议决案是什么呢？（1）工农联合：固然现在工农联合不成问题，此大会后或许更加发生密切的关系。但在第二次大会时却是很有意义，因在中国工农联合的议决案以此为第一次，故自后中国工农的关系更趋密切。（2）中华全国总工会加入赤色职工国际：中国工人阶级与世界工人阶级发生正式关系自此始。中国工人阶级从此即得了良好亲挚的助友。（3）组织中华全国总工会：因为有了中华全国总工会做中国工人的总机关，就使全国工人有了统一的总组织。如是全国工人的团结更加坚固；各地工人的关系，更为密切；对于中国职工运动的发展，实有重大的影响。其次关于统一广州工会组织与统一香港工会组织等，均为第二次大会决议案最紧要之部分，到现在广东、香港工会之能可进行统一者，实种原于此。

至于第二次劳动大会在中国职工运动中之影响，也非常重大。我们在第二次大会中对于革命的工作，奋斗的方针，已经确定了。这次大会的精神，各代表都带到各地方尽量宣传，把大部分中国工人都影响遍了。因为有此关系，所以中国职工运动的潮流，已高涨至相当程度，在五卅运动中，工人阶级能领导社会各阶级走上反帝国主义的道路，省港罢工能即刻实现，广州、香港工会组织之能进行，可说是第二次劳动大会影响之结果。

二、五卅运动

五卅运动是中国有历史以来一次反对帝国主义的最大运动，也是中国职工运动自有历史以来一个最高涨的时期。这次运动，差不多全中国的民众，通通参加了。其影响之大，情形之复杂，我固不能一一详细报告。据统计，全国直接参加五卅运动的人数，约一千二百万人，间接参加者，乡村僻壤均有参加，难以统计。我现在分别报告：

1. 五卅运动之起源：为什么在中国这个时候会发生这样大的五卅运动呢？（1）因为帝国主义者侵略中国之急进，我国人民受帝国主义者压迫过甚，中国人民反对帝国主义之情绪亦十分激烈。（2）因为段政府之反动，对于民众运动非常压迫，如禁止“五一”“五四”等示威巡行，又无条件解决金法郎案，以引起人民极大之愤恨。（3）接近民众的武力国民军产生。（4）中国职工运动已在此时复兴，并有坚固的组织。（5）因为革命潮流之高涨，全国民众已知反对帝国主义之方法。有以上各种原因，所以“五卅”南京路之惨案发生，而轰轰烈烈之反帝国主义运动即因而兴起。

2. 五卅运动各地之最初形势：

（1）上海罢工：“五卅”惨案发生后，上海参加罢工者有廿五万工人都参加了。所有英、日两国工厂之工人及洋务工人，莫不加入。有此罢工，上海形势异常严重，帝国主义者发生极大之恐慌。此时，上海工厂无人作工，商店罢市，轮渡不通，车马断绝，交通为之梗阻。此时的上海，真的入于荒凉恐怖之境况。同时上海学生也一律罢课，即各教会学校也都加入。那时我们到上海马路上一看，只见满街贴的是反帝国主义的标语、口号、图画；处处都有游行的、演讲的、募捐的、演戏的，闹个不休，个个人都忙着反帝国主义的工作。此是中国境地之情形。至于在租界内，则大不同了，我们只看见工厂闭了门，商店闭了市，侦探往来，巡捕满街，机关枪大炮布满街口，都作射击之状。此为租界恐怖严重之情形。

（2）在此时间，第二个大事件发生，就是省港罢工。我们知道省港罢工系援助上海“五卅”惨案而罢工，亦是五卅运动之最紧要的事实。自“五卅”惨案发生，广东政府肃清杨、刘后，中华全国总工会即派人到沙面及香港运动工人罢工。自罢工后，各工人都返省城，努力奋斗，工人罢工后，即将港口封锁，因为香港系无出产之小岛，粮食既已断绝，居住的人，自然远迁。如是香港既成荒岛，商人无贸易，房屋无人居住，街道之中，污秽不堪，所以有人说“香”港变成“臭”港了。沙面形势也是如此。但在省港罢工后，六月廿三日沙基惨案又继“五卅”惨案而起。所有英国帝国主义者货物不能再到广州；即沙面与广州虽仅隔一河，而沙面货物，如欲转运广州，非先运往香港、上海，而后才能运至广州。香港英帝国主义者自侵略中国以来所受之打击，以此次为最大。此为省港罢工之大略情况。

（3）其他各地形势：上海“五卅”惨案发生后，全国各地形势亦非常紧张，非常严重。比如北京，所有的学生、工人、商人也非常愤激而参加。北京的工人群众虽然处在压迫之下，亦开会巡行，演讲募捐，十分紧张。北京英国公使馆之工人，起而罢工，英使馆极感不便。青岛日本纱厂工人在“五卅”案未发生以前，已发生两次罢工；“五卅”后又起第三次罢工，复遭一次大屠杀。参加此次运动者有万余人，除纱厂工人之外，还有铁路工人参加，不幸遭帝国主义工具张宗昌残杀，工人领袖李慰农也被害，还有许多因为参加运动，被捕拿监禁者。青岛工人这种牺牲精神是很有价值的。各工友定要继续此精神而奋斗！

至于武汉，在“五卅”后，各界民众甚为愤激，曾有四十万人之水陆大巡行；汉口外国码头工人此时起而罢工，复遭英国水兵枪杀，死工人八、九人。同时军阀萧耀南，也助桀为虐，枪毙萧英，被通缉者数十人，而武汉大运动，即因此沉寂。复次，天津在“五卅”后所有民众运动也极热烈，海员及大多数纱厂工人均同盟罢工；这些罢工，虽然有的是为本身利益，而大部分实为反帝国主义运动。不幸在罢工后，又被军阀李景林大惨杀。对于工人各界群众集会、结社种种自由，均被剥夺，并且逮捕各界及工人领袖五百余人，枪伤学生百余人，一切团体，概被封闭，天津运动，卒为军阀所压下。唐山开滦之英国煤厂，在“五卅”后，亦同盟罢工，亦为李景林派保安队，封闭工会，捕拿数十人，用武力压下。南京方面，在“五卅”以后，亦有极热烈的运动，英国和记公司工人罢工而得胜利复工；后因英人不履行条件，而举行第二次罢工，又为帝国主义勾结军阀压迫下去，死伤数十人。其他如九江、长沙、重庆、河南等处，“五卅”后均有罢工运动，而无处不遭帝国主义与军阀枪杀，无处不有工人死伤。

此外还有一个例外的地方，就是东三省。东三省的民众，对于五卅运动，本非常热烈，但被张作霖之严重压迫，巡行、演讲、集会、结社等自由均被禁止，故运动异常沉寂；即民众捐助罢工之款，亦被政府勒令发还。如此足见奉系军阀之压迫。以上所说，为五卅运动中各地民众及工人阶级奋斗情形。从以上的情形可以看见各地均有极热烈的运动和巨大的牺牲；此种运动与牺牲，以工人为最多，而又以工人为最力，处处都有罢工，处处都有惨杀，而惨杀之结果，死伤者多是工人。工人阶级在此次运动中，实际地处在领导地位。此时工人阶级，几成全国总罢工的形势——统计全国在五卅运动中，工人罢工者有五十余万人。

（4）帝国主义者应付此次运动之策略：英帝国主义对付五卅运动，始终是强硬的。其初以武力在南京路惨杀我们之后，又继续在沙面、九江、汉口、重庆等处，施以枪杀。在交涉方面，他们总是不负责任，希图抵赖，同时又四放流言，谓此次运动是“过激”，是“赤化”，冀以离间中国民众之结合，并竭力勾结军阀及中国资本家压迫工人。至日本帝国主义又怎样呢？“五卅”后，日本的表示总是狡卸，而欲完全将“五卅”的责任推到英国身上。他说纱厂罢工是一个问题，而南京路之大屠杀又是一个问题；南京路事件，是英国的责任。他们又在日本国内的报纸上说，中国反抗英国的运动，是对的，而英国对中国人民之屠杀，是不对的。同时又提倡大亚洲主义，说“日本与中国同是亚洲人，应该联合反抗白种人”云云。其他在“五卅”后，对于日本纱厂罢工风潮，鼓吹单独解决，并向中国人表示好感，以促纱厂风潮之早日解决。此是日本帝国主义希图狡卸“五卅”，责任之表示。至于美国呢？自“五卅”后，他就说“我们与中国素有好感，此次罢工，美国之洋务华工，不应参加，我们美国总是帮助中国独立的”。由此可见美国的假面具更戴得好看了。至法国呢？也是向民众表示好感，希图民众不去反对法国。比如“五卅”后，群众能在上海法租界巡行，民众的机关，他亦不禁止。这亦是他的狡猾之表示。以上是五卅运动起初时，各帝国主义者的态度。观此，起初各帝国主义国家，实各自为战，并无一致之结合，到后来，各帝国主义国家，趋渐一致了；英、日、法、美渐有联合进攻中国民众的形势，尤其是日本与英国的结合，更为明显。比如张作霖初为日本走狗，“五卅”事后，张作霖竭力在各处帮助英国残杀中国爱国工人及一切民众，禁止英国工厂及海员罢工，由此可见英国、日本已经结合向民众进攻。这是“五卅”事后帝国主义联合进攻民众之态度改变的表示。

（5）大资产阶级之妥协与反动：上海在“五卅”事后，中国大商家也同有罢市的举动，但非其本意，完全是受工人、学生之包围而罢市的。在此即可见中国大资产阶级的革命性不充分，并有很多事实，可证明大资产阶级之妥协与反动。比如“五卅”事后，上海革命民众共同组织“工商学联合会”，请总商会（资产阶级的团体）参加，而总商会并不参加。他说：“我们要居在调停人地位才好”。这可见大资产阶级之妥协性。迨后“工商学联合会”提出要求条件十七条，全上海民众均拥护，而总商会则独反对，另提出要求十三条，把“撤退外国海陆军”“工人集会、结社、罢工自由”“收回领事权”等条删去。这又可以证明其妥协性。为了准备把工人、学生拍卖了，他们又提出“单独对英”“缩小范围”，主张无条件解决日本纱厂罢工。其后，他们罢市廿三天，急于运动开市，虽有工人、学生、小商人极力反对，亦不顾及。这种种事实，足以证明中国大资产阶级之妥协性。及上海开市后，大资产阶级更变成反动了。因为英国人把上海电力截断，使上海各中国工厂不能开工；如是大资产阶级即反与帝国主义勾结反动，并破坏罢工了。此种事实很多：如华商纱厂联合会请奉军戒严司令部及电段祺瑞政府，解散工会，压迫工人上工；又如纱厂主穆耦初献计日人，不承认工人条件——增加工资及组织工会，并勾结流氓工贼，以破坏罢工，捣毁工会，殴打工人领袖。而且总商会又把持工人救济费，以断绝工人粮食，希冀罢工不能坚持；又勾结军阀，通缉工人领袖，封闭上海总工会及各工会等等。皆为中国资产阶级反动之事实。

其次在北京的大资产阶级，亦是十分妥协。主张单独对英，不肯对日经济绝交。武汉、长沙大资产阶级主张亦与前同。汉冶萍资本家更勾结军阀，惨杀安源工人，枪毙黄静源。在此全国“五卅”反帝国主义运动中，处处都表示中国大资产阶级之妥协与反动。

（6）小资产阶级在五卅运动中之地位：各地小商人与学生在“五卅”当中都积极参加。比如上海小商人与学生，每一次运动均热烈参加。他们并愿意罢市，大商家要开市，而他们却反对之。这可见其革命性比大商家丰富得多。其次，上海小商人的组织“各马路商界联合会”参加“工学商联合会”，并极力反对总商会所提出之十三条，删改“工商学联合会”之十七条条件。即如各种巡行、捐款等，小商人均极热烈。及后，小资产阶级因为中了帝国主义者的谣言离间，而渐渐消极，终至同大商人一路走去了。然而学生则始终与工人一路走，又如省港罢工，小商人亦组织参观团、恳亲团等赞助罢工，极力反对英帝国主义，而香港学生更至今亦随工人罢课。他如南京、武汉、长沙等处的小商人、学生，莫不赞助工人，积极参加反帝国主义运动。由此可见，中国小资产阶级是能革命的，但同时又充分表示其游移的根性。

（7）工人阶级之坚决：在“五卅”反帝国主义运动中，工人阶级差不多处处都站在领导地位。比如上海“五卅”惨案发生的原因，都因为纱厂工人之经济罢工，而引起顾正红之被杀；顾正红被杀了，罢工工人即向小商人及学生各界民众，鼓吹反帝国主义，由其本身之经济斗争，引至“五卅”政治斗争这是上海工人所做的。上海工人除自己参加斗争外，还引导学生、小商人参加，并能集中自己的组织，举行极大的游行示威等。对于包围捕房、截留粮食、捉拿工贼等，工人无不勇往直前。数十万罢工工人，艰苦坚持至三月之久，尚无倦容；虽因军阀、帝国主义之严厉摧残和压迫，工贼流氓的捣乱和破坏，救济费时常断绝，工人并无退缩之表示。工人虽然受了极大的牺牲，空前之痛苦，然其主张最为急进，最能澈底；反帝国主义的奋斗，最能坚决。即在商人开市了，学生开课了，工会封闭了，领袖逃亡监禁了，尚能罢工一星期以相当条件上工。即在广东省港罢工，亦充分表示工人反对帝国主义之坚决。工人罢工至十月之久，尚能茹苦含辛、坚持奋斗；他们这次罢工，把香港变成了荒岛，巩固了广东的革命政府，促进了自己工会的组织；他们的纠察队在各处封锁港口，与帝国主义军队走狗直接奋斗，不知若干。其他各处工人在五卅运动中，均有工人起来罢工，均能拼命与帝国主义及军阀争斗，均能给敌人以极大之打击，均能站在一切民众之前奋斗。此为工人阶级在“五卅”运动中大略之奋斗情形。

（8）军阀之压迫与摧残：中国军阀对于五卅运动十分压迫，极力摧残，充分表示为帝国主义的工具走狗。奉系军阀在上海设立戒严司令部，到处干涉工人行动。禁止一切集会结社自由，禁止封锁租界及封闭“工商学联合会”、海员工会等三团体，逮捕工人领袖，勾结工贼流氓，捣乱工会及封闭上海总工会及工会等，均为军阀摧残五卅运动之事实。他如天津、唐山、山东、武汉、南京、安源、北京、重庆、九江等处，都有很多军阀摧残民众反帝国主义运动及枪杀运动领袖之事实。

（9）工贼之猖獗：五卅运动中，中国职工运动固十分发展，而工贼在此时也非常猖獗。比如上海工会的工贼，借了工会的假招牌如“上海工团联合会”“工人俭德会”“制赤会”等，专门破坏工人组织，捣乱工人秩序，替资本家、帝国主义者、军阀作侦探。如上海总工会之被封，刘华同志的被杀，均出于工贼之破坏。其他各地，如香港之工业维持会，以及北方铁路等，无处不有工贼破坏工人运动。这是工贼猖獗之大略情形。

（10）国外之同情：五卅运动起，国外华侨十分同情援助，捐款援助上海及省港两处罢工达二百余万元。世界各国工人阶级亦无不竭力援助。英、法、德等国工会，均有文电到中国表示同情；又有群众运动援助中国，捐款援助者亦属不少。英国各地工人，更有极大之示威运动，援助中国工人罢工。俄国、日本更不用说。日本曾派数代表到中国，俄国总工会亦派代表四人来华慰问工友，并捐款五万余元。中国工人有了这次大运动后，已引起全世界工人阶级大注意，而中国工人阶级与世界工人阶级之联合，益加进步。以上所讲为社会各阶级在五卅运动中之态度，及工人阶级在五卅运动中之奋斗情形。现在再讲反奉战争。

三、反奉战争

（1）五卅运动本为全国民众反帝国主义之大运动，但在此运动中处处均遭军阀之摧残和残杀，于是全国工人及一切民众，深知欲使反帝国主义运动得到胜利，必须打倒国内军阀。故五卅运动虽被奉系军阀所压落，然因此引起反奉战争，此乃帝国主义者利用军阀压迫民众运动之反响；而孙传芳不过乘此机会，暴发反奉战争罢了。

（2）孙传芳将奉天军队逐出上海以后，上海的民众运动复因之而起，此时民众的口号除反对帝国主义以外，并极力反对奉系军阀。在此时期，上海工人阶级十分要求恢复上海总工会，但此时上海政权，落于中国资产阶级之手。资产阶级对于工人运动的压迫，更甚于奉系军阀，一切由工人自行启封之工会及工人的秘密机关，均遭资产阶级之警察及保卫团严密搜查。上海总工会虽已恢复，但侦探满布，重要人员均不能到会办事；而刘华同志亦在此时被杀。虽然如此，上海工人之组织，反更能严密进步，并能为各种问题举行奋斗及罢工。此为上海之大略情形。

（3）反奉战争一起，全国各地工人无不参加反奉运动，处处均有游行示威，各工会无不宣言反奉。北方铁路工人更实际参加反奉战争，如京奉铁路工人之离职，以打击奉军，及信阳铁路工人之拆毁铁路，以断吴佩孚军队前进之路，及帮助国民军之军事便利等，均为明确的事实。

（4）天津、河南、北京职工运动之勃兴，与全国铁路总工会第三次大会，均为此时职工运动发展之重要事实。此时天津亦被国民军占领，所有以前被李景林封闭之工会，概行启封，天津总工会亦已恢复。以前被李景林监押之工会领袖，亦均释放。如是天津职工运动大加发展，此时工会组织较前更为严密。在天津总工会组织下之工人，凡三万余人。唐山的煤矿工会，此时亦恢复，但英国资本家藉此停工，以阻碍工会发展。全国铁路第三次代表大会，亦于此时在天津开会，所有各种重要议案，关于职工运动之前途，十分重要。北京职工运动亦于此时兴起，组织有北京总工会，共有工人万余人，为北京从来所未看见的现象。河南职工运动此时非常发展，组织有河南全省总工会，有组织的工人凡四万余人，更时常发生罢工运动，胜利者居多。

（5）粤港罢工之坚决：广东因有政治的自由，及有国民党帮助农工运动，所以粤港罢工尚能再接再厉，坚持下去；工人阶级此种奋斗精神，在全世界职工运动中，实所仅见。

四、全国职工运动之现状及其趋势

（1）各地工会秘密组织之概况：现在北方政权，已重入反动军阀张、吴之手，所有工人一切组织和运动，无法公开进行，而中国职工运动又进入一个难关的时期了。现在各地工会秘密组织概况，略述于下：

上海：上海总工会现在虽能公开，但实际运动均须秘密进行；所有工人各种组织，也在军阀、帝国主义严重压迫之下。但上海总工会之力量，反能增加，上海工人之组织，较前更加进步，各工会除工会之委员会外，还有干事会及小组之基本组织。现在上海总工会组织下之工人，有廿万零九千四百人；能收会费者，有七万九千七百四十人。他们且不时为他们本身利益及民族利益举行奋斗。统计自一月一日起至四月一日止，四个月中，上海罢工有十八次之多，参加人数有三万余人；罢工的时间，有五十八万六千一百五十小时；要求条件五十三条，要求次数五十四次，胜利者三十五次，失败者十九次。由此可见上海工人的奋斗精神，胜利者居多数。故上海职工运动，虽在严重压迫之下，实有发展之趋势，将来一有公开机会，上海职工运动之勃兴，当更非五卅运动时之上海职工运动所能比拟也。

山东：山东各地工会，完全不能公开，征收工人会费亦极困难，但工人十分信仰工会，团结究能保存，现在各地均有工会小组，以胶济铁路及淄博煤矿工人为好。

河南：自吴佩孚占驻河南后，所有工会均被占驻。现在河南工人之有工会小组者：铁路、兵工厂、铜元局、纱厂、煤矿等处。

湖南：自赵恒惕被驱逐以后，湖南职工运动因而兴起，工会的组织，均能公开。现有组织之工人八万余人，工会廿余个，并有全省工团联合会之组织。所有纱厂、市政、码头及轮船、矿山、铁路均都在组织之内。

其他各地：现在天津、武昌、南京、哈尔滨等处，均有工人秘密组织，工会情况均好。

至于广东、香港、广西职工运动之发展，因国民政府给以人民集会结社之自由，所以两广之职工运动，均有发展和进步。广东各县均有工会组织，成立的县总工会也不少，比如现往汕头，亦有工人代表大会实现。广西梧州，桂林等处，亦组织工会甚多，广西有组织之工人，已增加到十九万人，工会内部的组织，较前亦有进步。以上系中国职工运动之现状。

五、结论与进行方针

（1）一年来，中国职工运动有极大之发展，尤其在五卅运动中，更有长足之进步。工人阶级在国民革命运动中，能领导一切民众向帝国主义及军阀进攻。各地惨杀案均因镇压罢工而起，惨杀结果以工人死伤为最多。工人阶级在“五卅”反帝国主义运动中牺牲为最大，主张最为急进，奋斗最能坚持，力量亦表现得非常伟大。在各种奋斗事实中，足以证明工人阶级在国民革命运动中之领导地位，是确凿不移的。

（2）一年来，职工运动均被军阀压迫与摧残，尤其在五卅运动时，奉直军阀摧残工人阶级更为惨酷。由这些事实，更可以明了国内军阀是帝国主义之工具和走狗。帝国主义与国内军阀永远是群众的敌人，也即是国民革命的对象。同时，又可以证明必须打倒军阀，方能使反帝国主义运动得到胜利。

（3）中国资产阶级本来受帝国主义与军阀压迫，他们有参加国民革命之可能，但资产阶级参加国民革命终究是妥协的，不能彻底的。而且当无产阶级起来参加革命时，或要求生活改良时，资产阶级就马上反动起来了。五卅运动中，上海资产阶级的反动行为，已够我们领教了。我们工人阶级在某一个时候，即在资产阶级与帝国主义冲突最厉害的时候，应与资产阶级合作，共同反对帝国主义，以增强反帝国主义运动之势力。但当资产阶级一有妥协之倾向，或压迫工人运动时，工人阶级应极力反对，以防备资产阶级骗卖自己。

（4）中国小资产阶级，包括小商人、学生，在国民革命运动中占有很重要的地位。在过去一年的反帝国主义运动中，证明小资产阶级是有力量的，能革命的，工人阶级应切实与之联合，建立联合战线。工人阶级并应促进小资产阶级之左倾，以补救其游移保守之根性，而不为大资产阶级所利用。

（5）农民为国民革命之重要势力，是工人阶级天然的同盟军。中国工人阶级应切实提携农民，进行中国的革命。各处的工人应帮助农民组织农民协会及指示奋斗方法，在农民的一切奋斗中，工人应以实力援助之。工人阶级确定自己奋斗的方式时，必须顾及农民的利益。

（6）中国工人阶级在组织上已有极大之进步与发展。全国工会会员不但在数量上有很大的增加，且能改良他们的组织。现在各处工人群众都有统一工会组织之呼声，比如香港、广东工会之统一运动，及上海工人群众在严重压迫之下，尚能有二十万工人在秘密组织之内，且能不时为各种问题而奋斗。以此即可证明，中国工人阶级之组织已非反动势力所能消灭的了。

（7）工会为工人群众之经济组织，所以必须公开。现在中国的工会尚不能得到法律上的保障和社会的承认，中国工人阶级为要发展中国的职工运动，必须积极地公开地开展争工会条例的运动，即使不能争得工会条例之颁布，亦可引导中国工人群众走到政治争斗的路上。中国职工运动，必因此种争工会自由的运动而发展。

（8）过去一年的职工运动，固为反帝国主义之政治争斗，但其中处处都可看到工人的经济要求。中国工人阶级劳动条件之恶劣，是世界各国所没有的。因此，今后职工运动之方针，应加强各种经济争斗。工人在任何时候，都不能离开要求其经济上之利益。经济问题，工人在所必争，经济争斗之发展，即为中国职工运动之发展。

（9）中国工人阶级在过去一年的伟大奋斗中，已经惊动了全世界，世界工人阶级均起而注意中国工人运动，中国工人阶级与世界工人阶级联合因此更加密切。如在“五卅”罢工中，各国工会来文电援助者、示威捐款援助者、派代表来华联络者，已不知若干起。今后中国工人阶级应在各种行动及组织中，与世界工人阶级建立更亲密之联合，促进世界革命。

（10）中国职工运动迅速发展，工贼亦同时猖獗。在各处工贼破坏我们的力量非常的大，我们应设法对付工贼之破坏，工会中应有自卫的组织。

各位代表，现在我的报告已经完了，我们高呼下列各口号：

努力国民革命！

打倒帝国主义！

打倒军阀！

打倒工贼及一切反革命派！

打倒资本家！

颁布工会条例！

增加工资改良待遇！

中国职工运动万岁！

一切被压迫民众联合万岁！

全世界工人大联合万岁！

国民革命成功万岁！

世界革命成功万岁！

（依照人民出版社2022年《中国共产党重要文献汇编》第八卷订正）

中华全国铁路总工会一年来工作报告大纲*

一九二五年是世界工会统一运动发展最高之际，殖民地的民族运动如潮般的汹涌起来。远东近东的弱小民族各高擎革命的大旗，一步一步向着帝国主义的阵门闯进。帝国主义的反攻愈凶猛，民族革命的火焰愈爆烈，如此相激相荡，便造成一个革命的世界；影响及于中国，就造成一个革命的中国。

中国铁路工人在这一个大的趋势之下，一年来所做的工作都染着极浓厚的民族革命与阶级斗争色彩。他正同中国其他先进的产业工人一样，率先的领导一切民族革命运动工作，并为着工人阶级本身的利益，不断地作经济斗争和政治斗争。同时在这些持续的斗争中，遂得积极扩大他的宣传和组织，建立了一个统一的阶级性的产业工会。

现在我们可从经济组织及经济斗争、政治斗争的观点上，将全国铁路工会一年以来的发展情形，简单叙述一下。

组织情形

从工会组织上说，一年来全国铁路工会的工作可分两个时期：第一是恢复工会及创造工会的时期；第二是发展和巩固一般工会组织时期。

---

* 本文原载一九二六年五月八日出版的《中国第三次全国劳动大会会刊》第六期。

当去年“二七”第二次全国铁路代表大会的时候，正是直系军阀崩溃不久的时候，被曹、吴封禁之各铁路工会多数尚未恢复。当时列席的代表，据上届执行委员会报告，只有唐山、郑州、彰德、大连等处是代表公开组织的工会，其余多数代表都是从事工会秘密工作的工人领袖，有些是刚从监狱中出来的。回溯当时北方的政治环境，曹、吴虽倒，直系的残余势力在山东、长江一带仍然不小。奉天军阀挟着交通系重掌国有交通大权；段政府举措反动尤甚；国民第一军冯玉祥虎踞京绥全路。在上列情形之下，工会的发展仍是很不容易的。不过当政变之余，直系余孽及尚未强盛之小军阀，日在危撼不定之中，对于工人的防御较前不免松懈，实给予工作上以多少之便利。厥后国民第一军因政治关系，亦采用了同情工人之政策，此时全国铁路总工会遂广派专员，分赴全国各路为恢复工会及创造新工会之运动。此运动经过半年有余，遂有十八路工会之组织。此际计有工会组织之铁路，为京汉、京奉、京绥、正太、道清、陇海、胶济、粤汉南北段、中东、南满、沪宁、沪杭、南浔、广三、广九、津浦、株萍等路，共包括六十余工会。

全国铁路既已均有工会的组织，工作的进展便临到第二期了。因为我们所需要的工会是一种阶级斗争的组织，不徒尚形式的虚名。要使工会能负担领导国民革命的工作，能行彻底的阶级斗争，其组织必合于下列的几个条件：（一）阶级性的工会，不能掺杂上级员司和工贼；（二）组织务必严密；（三）权力须绝对集中；（四）统一性的联合。为使铁路工会有充实的内容起见，第二期的主要工作便在发展与巩固组织上努力。在这段工作过程中，我们与旧的行会观念斗争，与交通系斗争，与工贼斗争，与一切敌人斗争。前后经过几多的困难和危险，直到现在才算建立了各路工会之真正基础。现在全国铁路工会俱已按照小组组织，内部训练日有起色，尤以各工会纠察队之组织为有力量。此等工会均在全国铁路总工会指导之下活动。本年二月七日第四次全国铁路代表会议开于天津，各路均有代表到会。

经济斗争与政治斗争

上面已经说过，一年来中国铁路工会的历史，完全是斗争的历史，但一年以来的经济斗争，表面上是不甚剧烈的。固然自二七大屠杀后，全国铁路工人以前历次罢工所得的经济利益，丧失殆尽，此时的铁路工人生活是极困苦的；但是自各工会恢复后，路局方面怵于工会势力之勃兴，多自动恢复以前待遇，或增加经济利益，冀消灭工人之反感。故一般观察，在此种情形下面之大规模的经济罢工，一年以来遂不多见。计此期中经济斗争之较为重大者，有胶济全路经济罢工之胜利、南满工人经济要求之胜利、京绥全路工会三条要求之胜利、陇海全路之十四条胜利、粤汉路罢工之胜利，此外如京汉、京奉、正太、株萍、道清、津浦各路，随时随地发生规模较小之经济斗争，日有所闻，未经持久，即行解决，不必备举。

说到政治斗争，首先要提及第二次全国铁路代表大会所规定的政治主张。这个主张包括下列几项：第一是继续“二七”为争自由的运动；第二是积极的参加国民革命，打倒帝国主义和军阀；第三是要求一个保护工农利益的国民革命政府；第四是注重国际的联合。当二次大会闭幕之后，正是国民革命潮流高涨的时候，国民党及共产党主张召集国民会议、废除不平等条约的运动，深合于民众的需要；此时全国铁路总工会号召各铁路工人热烈参加这个运动，到处为广大的宣传和组织，派遣代表出席北京全国国民会议促成会者甚众。这个斗争的结果，虽然没有直接的成效可观，但是经此一番运动，国民所受政治的训练颇多，实启后来不断地国民革命运动之枢机。而一般铁路工人对于大会决定的政策，也增一番认识和努力。后来青岛日本纱厂罢工，反对日本资本家的压迫，山东境内之胶济铁路总工会便立刻率领青岛市民，在山东境内发起反对日本帝国主义的大规模运动。这个运动以铁路工人为主脑，深入一般民众中去，结果，日本资本家屈服，纱厂工会得到最后的胜利。自五卅事件发生，北方各铁路工会各依其本身之力量，在各都市领导当地民众组织反对帝国主义的团体，做长期的排货、示威、经济绝交及捐款救济事；更在这个政治斗争之中，以反帝国主义为号召，发展了各铁路工会本身之组织，同时也促进了一般民众团体的组织。此外，全国铁路总工会复在这个运动中，与欧洲各国的工人为深切的联络，对世界无产阶级揭破黄色国际与帝国主义同恶共济之真正面目。随后，各铁路工会又曾为一度劳动立法运动。当全国革命潮流日高的时候，北京政府颇欲颁布工会法，以为箝制全国工人的工具。此时各铁路工会群起反对，并协同各工会提出一个代表工人利益的工会法草案，责成北京政府颁布。各路工会对于此运动甚为热烈，进行颇具希望。后卒以上海资产阶级之阻挠颁发，此案遂形搁浅。反奉战争起，全国铁路总工会即认为此次战争应积极有民众力量参加，才能得到结果。当日所定办法除命令全国铁路工会形成一般的反奉宣传和组织外，并令有关的各路工会以实力从事反奉工作；又派大队工人维持京汉、津浦交通，便利反奉军队的军事运输，此项工作在京汉方面收效很大。同时复于战争期内，派遣前敌铁路工人宣传队前往战地，宣传“兵工联合”及“民众与武力结合”、“肃清反动军阀”、“建立革命政府”等口号。此时北方铁路大小各站，多数地方均有公开群众反奉示威运动。嗣后，日本出兵满洲维持奉系军阀，更激起全国铁路工会的普遍反感，到处均发起排日的群众示威运动，继续经济绝交事业，其运动之紧张，不减于“五卅”之役。全国铁路总工会更因此与日本无产阶级，发生了一度之结合。

此外如京汉路工会，为援助郑州纱厂罢工而争斗，使纱厂罢工得到胜利之解决；道清路为援助焦作矿工罢工而争斗；京绥路为反对交通系工贼而争斗，屡仆屡起，卒将敌人打倒；粤省铁路工会为驱杨、刘，拥护国民政府而罢工得到胜利；株萍铁路工会为援助矿工罢工而争斗，致被封禁；京奉路唐山工会为同情矿工罢工，备受摧残，虽属局部范围，但所代表的意义却均是很重要的。这许多斗争，实为多数忠勇奋斗的劳动战士的碧血所煊染。如胶济路总工会领袖李慰农、伦克忠，青岛《公民报》记者胡信之，正太路总工会秘书高克谦，京汉路郑州工会会员韩玉山、王长保，津浦路浦江工会委员长张振成，都是在战争中牺牲了他们的生命为阶级争斗的殉难者。其余因争斗而入狱的、失业的，为数更众多。

在这一年中争斗的结果，虽然距我们的期望相离尚远，但我们工会的组织确已固定。一年前工贼猖狂的现象，现在是没有了。我们更进一步观察，进步的中国铁路工人已在政治争斗中取得相当的地位，他一方面踏向领导民族解放运动的地位，一方面走上世界工会潮流的大道。他这样结合经济争斗为一致的进展，缩短他的历史过程，是世界革命巨流中形成的一种必然的现象。

现在帝国主义虽在联合向中国进攻，压迫中国的工人阶级，但是因为：（一）世界职工会的统一运动日有进步，他们国内的阶级斗争一天一天的紧张起来；（二）东方殖民地反抗帝国主义争斗，使帝国主义的基础根本摇动；（三）同时那些强盗们在中国的利益不断的发生冲突，所以帝国主义又联合用武力压迫中国革命的事实，毕竟办不到！至于国内军阀目前虽又猖狂于北方，压迫工人，然从历史革命进展之形势观之，则可断言此辈军阀此兴彼仆，自取灭亡，更永远没有建设武力统一专政的可能。而国民革命政治上、军事上的建设亦随着民众革命的呼声日益激增。所以最近中国革命运动已经由普遍的反抗帝国主义，进而至于实际建设革命政权的争斗。在这个争斗中，进步的中国十万余铁路工人，实负有很重大的责任。他们将本着过去奋斗的精神、政治的热望，继续为更努力的争斗，打出一条血路，去与世界战壕的无产阶级战士为亲密的联合，实行向国际资本主义作一最后的决斗！

（中华全国总工会中国工人运动史研究室编：《中国工会历次代表大会文献》，工人出版社，1984 年，第 68–73 页）

安源路矿工人之奋斗 *

朱少连

五年前的“五一”节，株萍铁路工人与萍乡煤矿工人合组的安源路矿工人俱乐部，适于是日成立。厥后以很幼稚的组织，处于很恶劣的环境，竟能奋斗三年，颇著成效；不幸经五卅惨案之余波，忽被武力摧残了！牺牲了我们的领导者——黄静源同志及战士三人，劫抢并捣毁了我们的建设事业——消费合作社、学校、图书馆、旬刊社等机关，驱逐了我们的战士一万三千人，使之受失业的痛苦与恐慌。

在我们还没有得到政权的时候，我们谋解放的组织与和平的建设，被统治者之摧残，固为革命过程中常遇的打击，但是安源路矿工人之战败，在幼稚的中国工人运动中，实给我们以很大的教训，故特将战败的情形露布，敬告我最亲爱的工农阶级战士们！

一、失败的原因

甲、客观方面的：五卅惨案之发生，我们都知道是帝国主义者联合向他们的最强有力的敌人——中国工人阶级进攻，因

* 本文原载一九二六年五月八日出版的《中国第三次全国劳动大会会刊》第六期。

迫不及待，而采最残酷的直接行动；但因此惹起空前的上海及省港大罢工，予帝国主义者以绝大的打击。他们乃指使其工具——军阀来压迫我们。革命的安源路矿工人俱乐部，适遭帝国主义（日本）、军阀（方本仁）、资本家（汉冶萍公司）联合压迫之下，当然无幸免之可能，故当上海总工会被封之次日，安源路矿工人俱乐部，也是同样之命运了。

乙、主观方面的：安源俱乐部的组织，在中国还算是较为完善的，但因内部的组织完全公开，使敌人深知我们的内容与策略的错误（因我们常常公开宣传保护产业，以顾全大家的生活等主张），使敌人乘机大胆的来进攻。他们知道工人不致破坏产业，所有其余甚么战术，他们都是不怕的。因我们的组织公开，打击一来，使我们受绝大的损害。

二、失败时的情形

去年九月二十一日午前三时，我们的敌人忽调来军队三营、矿警一营，于深夜将俱乐部、消费合作社、各学校、各工厂、各工人餐宿处（内住矿工五六千人）重重包围，满布机关枪，禁止出入，大肆搜捕，将教职员及代表等捕去七八十人，送禁狱中（萍乡县的）；宣布戒严令，断绝一切交通，使光华灿烂之安源工业区，顿成一极恐怖之世界。是夜有第九旅辎重营，派一连长带兵数百人，将合作社的物品及各处办事人行李搬了一个通宵，都往花冲营盘里送；但还有我们最勇敢的战士百余人正在煤窿中工作，知此消息，即将窿内监工职员十余人一并捕缚，送藏于秘密之煤洞内，以为抵制。至次日上午，矿主要矿警带同工头（反动者）十余人搜索，始将职员救出。同时在窿内的工友亦随同出至窿口，即遭军队乱枪射击，立毙三人，枪伤数十人。第三日，即令各工友在车站发饷上车，一批一批的押解出境，后经湘省长赵恒惕打电阻止，说是将大批工人送回湖南，恐生滋扰，其结果矿局允送几万元，就不作声了。亲爱的工友！我们争自由谋解放的组织，竟遭了这样的摧残，这是怎样黑暗悲惨的事呵！

三、失败后的各方面

甲、工人方面：自俱乐部解散后，除当时押解出境者外，尚有工友四千余人住在安源，不发饷，亦不开工。矿主并大肆淫威，施行种种的残酷压迫：如工人的住宅建在矿区内者约七八百家，限一星期拆卸搬迁；工友中曾当过代表者，则派司法兵捕拿，有钱者罚数十元释放，无钱者则打数百军棍；所存工饷，迟至月余始用价值五折之矿票洋发饷；凡为俱乐部职员干事的家庭，则屡次搜检抢夺；此为对待一般工友之情形，其遭下狱者七八十人。忽于十月十六日将俱乐部副主任黄静源同志枪毙于俱乐部门前，余则释放（现尚有五人未放）。当黄同志就义时，犹高呼打倒帝国主义、军阀、资本家及恢复俱乐部等口号。当呼声未完的时候，无情的手枪弹已中了黄同志之头部，倒地辗转一时余，犹未断气，再补一弹乃死。工友们！此种情形，是何等的残酷！是何等的悲壮！

黄同志就义之次日，始用极薄之棺板，派三清道夫送抬去埋葬。工友中乃集合三十余人，暗随黄君之遗骸至山野间，以洋三圆向清道夫赎出遗骸，用大衣裹着连夜负走八十余里，经醴陵之八里坳地方，次日始行正式殡殓。当时乡间之农民，聚观者千余人，莫不愤痛万分。黄君之柩运至醴陵车站时，醴陵各界不约而参加追悼者万余人；自醴陵至株洲，沿途各站各道工厂的工友见其首领之灵柩经过，莫不痛哭失声，致祭，放鞭；到株洲站，亦有七八千人致祭，并搭台讲演；至长沙车站，工、农、学各界迎接及追悼者数万人。即在安源之工人子弟学校学生，亦于黄君就义之次日，用很秘密很迅速的方法召集千余人，在黄君就义处开数分钟很热烈沉痛的追悼会。此为黄君被难之情形。现在萍乡矿全部停顿，各工友中除一部分自找工作去谋生活者外，往各省从事工会运动者有之，往广东投革命军者有之，其余大部分是散居自己的乡村。最近湖南各县之农民运动，其主持与帮助者完全是战败的安源路矿工人。湖南农民运动在两个月之期间，已有高速度之发展（已有组织者二十九县，人数二十余万多）。从这点看来，也可说是失败中之胜利啊。

乙、资本家方面：在经济落后的中国的资产阶级，其企业不能与国际帝国主义竞争固属定律，然其眼光之短小、管理之不当，亦为促成其破产之原因。汉冶萍公司之破产，因汉阳钢铁之生产过剩固然无法救济，然于萍乡煤矿若能办理得法，尚可维持下去（每月所出之煤焦，可售三十余万；刘少奇同志之整顿萍矿意见书，言之最详）。当去年其经理盛恩颐到安源时，偕有一德国工程师赖隆曾力说："资本家要与工人合作。工人运动在世界各国都有，无法制止，若用武力压迫，那是自杀政策。"乃盛为其左右宵小所包围，只图泄其私愤，不顾产业，全凭感情的冲动，力主解散工人之组织，以致劳资双方两败俱伤；工人固受极大的创痛，而萍矿的损失亦濒于破产（计共损二百万元）！呜呼，愚蠢的中国资本家！

丙、社会方面：在有俱乐部的时候，安源社会方面不觉得好，亦不觉得坏。自这次事变后，萍矿停工，工人星散，很热闹的安源，变成同现在荒凉的香港一样。于是小商人所赊给萍矿的货物，不能付款；收留的低价矿票，不能兑现；生意萧条，金融停滞，除倒闭外无他法。附近农人，平常将其良田专种安源市面所需用之农产物，如蔬菜等，手工业者专做萍矿需用之特品如箕篾等，现在损失销场，经济上损失很大，都是深恨资本家了，都能深刻地认识资本家之罪恶及有俱乐部的好处！

综观以上情形，我们一面看出敌人的罪恶，一面也应注意并纠正自己的缺点，即工会的内部的组织不能完全公开，应付的策略要十分确当！这是我们所得的教训。此后我们要努力于打倒帝国主义、军阀、资本家及其走狗工贼的工作。我们应为死者复仇！我们要求解决失业问题！我们要恢复保障我们利益的工人俱乐部！

（附告）现在我们的工作：一是株萍铁路工人已成立了株萍铁路总工会，一是萍矿工人筹备一个萍乡煤矿总工会。

（中华全国总工会中国工人运动史研究室编：《中国工会历次代表大会文献》，工人出版社，1984年，第91—94页）

武汉工人代表团报告*

一、本会所属工人种类及其成分

本会组合之性质，在工会组织原则上系地方结合，即所谓横的组合。本会所定地方组合的范围在武汉，故本会会章所定，凡属武汉工人为工人阶级之利而组合之工人团体，均得依章派定代表加入本会。故本会现在所属之工人团体系武汉各业工人。

统计现在——截至四月份止——本会所属工人种类及其成分如下（附用百分比计之）：

1. 纺织工人 50%
2. 轮驳工人 6%
3. 人力车工及苦力 18%
4. 码头工人 1%
5. 竹木工人 0.6%
6. 铁路工人 2%
7. 电话工人 0.2%
8. 机器工人 4%
9. 洋务工人 9%
10. 邮电工人 0.6%

* 本文原载一九二六年五月九日、十日出版的《中国第三次全国劳动大会会刊》第七期、第八期。

总数约四万二千三百余人。

二、组织发展经过及其近况

本会组织，系武汉各业有组织工人之集中机关。武汉在本会成立前，曾有过集中工人组织之团体，就是湖北全省工团联合会。此会之经过及成绩，已全在第二次全国劳动代表大会报告过，并曾领导湖北——可说是以领导武汉工人团体为代表各业工人团体出席第二次全国劳动大会。那时湖北全省工团联合会，是湖北各业工人之集中组织，自后因为下列三种原因，湖北工团联合会在内部的基础上和外表的形式上很痛心的自然消灭。其原因是：

1. 受政治的压迫，各业工会由停顿而涣散，因此建立联合之基础消失。

2. 武汉的工贼都是与工团联合会有直接关系的。工贼为了破坏工人团结，利用工联会招摇撞骗，紊乱工人的听闻，在工人群众中破坏工联会之信用，有时又向压迫阶级告发工联会的秘密，如是工联会就不能安然而有信用的存在了。

3. 因为历史的关系，在非常反动的政治底下，官厅监视工联会之行动异常严密，于是工联会不易在各种实际事实上行动，自然使工会组织的作用消失于无形了。

这一段过程系去年第二次大会后，因时递降的形势，至去年七月止的情形。

依工联会的组织系统关系，武汉工人组织情况，固如上述，然工人需要组织，是工人在现时代必然的要求。故从一方面，武汉工人为实际的必然需要，又从新的切实的秘密团结起来了。

此种新的团结形成，就是本会现属的各组合基础，即本会之组织基础。

在去年十二月前，本会现属各业工人，应实际的需要进一步的各按新的环境与组织方策，从各部位秘密地结合起来了。各部位的结合成立应环境的需要，集中的组织也随之产生，故在一九二五年十二月本会即因是需要而成立。

各部位新的组合方策，须完全依照第二次大会组织决议案，各按工作处为单位而结合。因是发展，各业工人成立工厂小组、工厂委员会或工会小组，渐次结会成立了领导工人群众行动之实际中心。此各部领导群众之实体中心，需要一个集中的组织，故本会为应实际之需要责任集合各业工人之工厂小组、工厂委员会、工会或工会小组成为本会。在集中组织的正当原则而论，固应取各业工人之整个组合，而集中为有组合之方策，不免陷于复杂，然为组合之切实与特殊政治环境的相宜，故不得不以此为初步集中之方策，也可说是集中组织的一个过渡时期。自本会成立后，本会所定的组织的方略是：

1. 集中各部工人已有的组织，加以更切实的训练与指导，使各部现有组织的行动健全，力量集中。

2. 帮助各部组织之发展，使各部组织完成统属。

3. 树立工人阶级的集中意志与权力。

自成立后至现在，本会的经常工作除帮助指导各业工人之临时争斗事件，及代表并领导武汉工人阶级作整个政治斗争外，即注力组织发展的经常努力。

至四月份止，本会所属各部工人组织基础为：

1. 工厂小组（各按工作处的组合）40。

2. 工厂委员会（集中工厂小组的组合）4。

3. 工会4。

本会对于训练各组织之方策是：

1. 各组合必须经常开会，训练养成有组织的集体行动。

2. 本会派人参加组合的会议报告及指导各项事务。

本会关于经常提出训练的报告之方略是：

1. 关于全国及本省政治情况与工人阶级切身利害之关系事项。

2. 关于当地经济实况与工人生活关系事项。

3. 工人阶级的一般状况与工人互相扶助关系事项。

本会为经常执行此项工作，同时顾及全部工作计，每半月召集全体代表会议二次，每星期开干部会一次，并派人随时参加各部组合会议。

但因本会及所属各组合都在极反动的环境压迫之下，人力固是缺乏，经济能力更是薄弱，各组合所收之经济，仅能自给，甚至自身尚难保全者，故本会尚不能建立有计划的教育训练工作。

三、本会关于争斗事项及结果

在现社会资本主义制度之下，如果以完全的工人意志所组合之工会，为工人阶级的利益打算，必须是随时随地都在争斗的过程中。本会自信是完全抱此宗旨而成立的，况又在极反动的政治压迫与资本进攻的时期而成立，苟欲存在，离了争斗是不行的。所以本会自成立以来，在这一段短期的过程中，作过了许多的斗争，具体概述如下：

1. 政治的——工人阶级的争斗，即是政治争斗。武汉工人最近在极反动的政治压迫之下，集会结社丝毫不能得到一点自由。对这一个初步的要求，本会是常常领导各业工人对内以政治与工人的各种利害关系，具体地训练工人要求集会结社自由；对外利用各种机会，力争工人的集会结社自由，如当京沪及各铁路工人要求工会法的时候，本会即领导武汉各业工人与全国工人取一致行动，要求工会法的修正与实现。所取争斗的计划，除因环境的压迫过严，不能在当时当地实行直接的群众行动外，对于文字宣传与各组合内部的训练，都尽力进行无遗。工人对此颇有相当之觉悟。工人的政治自由与全部的政治良否有密切的关系。故一切关于政治解放的国民运动、反帝国主义运动、反奉战争运动、国民会议运动，本会均随时随地领导武汉工人尽量参加，或以工人的政治要求直接表现。

当此军阀割据、中央政治不能统一全国的时候，本省的政治运动更与本省人民有密切的直接关系。当本会成立之初，即遇仇恨工人最厉害的直系军阀吴佩孚之势力复活。本会当即竭力一方面参加整个的反奉战争运动；同时因吴佩孚借讨奉为名，更厉害的剥削湖北人民、压制工人，故本会领导工人与湖北各界人民，以本省人民利益为前提与民众之自由，作反吴的政治争斗运动，如反对军需券、反对盐斤加价、反对苛捐杂税等。自后吴佩孚由讨奉变为联奉，与奉系结合攻打国民军，本会反直系军阀之政治运动更不放松，那时如反对豫鄂战争、反对拉夫等，都是运动的口号和目标。

自后萧耀南暴死，吴佩孚实行直接的对湖北专政，俨若湖北之专制皇帝，自行委任湖北督办、省长。此事引起全鄂人民之愤怒，因此而起之省民自决运动、民选省长运动、省委员制度运动，本会率领各业工人与各界民众直接参加此等行动。本会曾率领工人群众向省议会请愿包围，参加省民自决的国民大会，参加各界联合组织为省政治改造之团体联合会。

在此等各种政治争斗的运动中，工人所得的结果是——

甲、工人对政治觉悟得着相当的进步，有相当的了解政治与工人阶级之利害关系。

乙、反吴反直系军阀的政治仇恨，普遍于一般工人群众心里，根深蒂固莫可动摇了。

丙、工人在一般求解放的民众中取得相当同情地位，颇愿与工人接近而合作。

丁、工人在政治上受着更反动的压迫，就是军阀与一切反动势力对待工人更加严刻，证明工人的势力是他们更可怕的仇敌。

2. 经济的——经济争斗是工人阶级在资本制度之下的日常生活。武汉的生活程度，在这半年来比半年前增高一倍半，比一年前增高到三倍。而工人的一般工资与劳动待遇，还是三四年前的原样，即有少数增加工资的，不过全体十分之二三，所增工资不过三年前原工资五分之一。照理工人的经济争斗，应该是非常踊跃而强烈的，但在事实上有了下列几种原因，情形恰相反：

甲、工人的集会结社绝对不能自由，因此，工人的意识不易集中引起行动的要求。

乙、去年全省旱灾，武汉失业工人丛集，工人的就业竞争非常厉害，竟致使工人觉得获得工作或保持工作，能得最低之生活，就是非常幸事，不敢额外强求了。

丙、政治压迫动辄对工人以逮捕、牢狱与枪杀相威吓，工人的势力未能集中，故不敢动弹。

丁、工贼的随时破坏、告密与捣乱。

年来经济争斗事项，有如下列几件：

（1）去年八九月间，染织工人要求增加工资三分之一、改钱码为洋码事件，罢工三星期，与厂家军警冲突一次，工人被捕二名，一判监三月，一监押一月。结果增加工资三分之一至五分之一,一部分改为洋码，余仍按钱码计算，得到相当胜利。

（2）香烟厂因设装烟机，在去年十月至十一月裁减女工，引起女工捣毁机器之冲突。经过一星期之罢工，结果因女工无组织基础和领袖指导人才，加之外国帝国主义勾结中国军阀与工贼压迫破坏，女工受伤三名，争斗完全失败。

（3）汉口租界人力车工人反对车行加租，由八百文增加为四角大洋（约一千二百余文），经过罢工一日，因车夫早有相当组织与对付之准备，宣传工作颇得力，车行及官厅颇恐惧。经一星期之谈判交涉，结果每日增加八十文（共为八百八十文），得到相当胜利。

（4）今年一月，武昌第一纱厂工人反对撤换工人，工人七人被捕，经过一星期交涉，旋即释放。原有工人曾与新来工人冲突数次，结果完全胜利，原有工人照旧复职开工。

（5）今年三月，汉口花厂工人要求增加工资五分之一，经过两日余之罢工，利用花行主间之不一致，结果获得完满解决。

（6）今年三月，武昌楚安纱厂工人发生反对用贱价官票（一张官票只合铜元五百至八百余）发放工资、要求改钱码为洋码，及反对减低工资两事。前者未经罢工，只经交涉数次，厂家向以军阀压迫工人，工人自省力量不济，让步以积蓄力量再斗，只得发放铜元，改洋码未成。后者以停工吓女工，工人虽未能进攻，只能消极的以不承认减少工资抵抗，然因厂主自己不能久用停工政策，只得仍照原工资开工。

（7）汉阳锯木工人要求增加工资五分之二，在今年三月罢工三四日。因木行不一致，结果完全胜利。

（8）武昌裕华纱厂工人从事工会运动，厂主发觉，恣意开除工人。工人由争政治自由事件，转为经济的要求、反对虐待事件。至去年十一月间，受非常严重之压迫，三次逮捕工人，共被捕十余人，有监押至二月余者。因工人组织力薄弱，行动幼稚而少训练，结果只是含忍地被摧残，毫不能施以自卫的抵抗，完全失败。至今工人的行动，更加受严厉的压制。

他如火柴工人、华界包车夫（约三千余人）、武昌人力车夫，皆因无组织与压迫太严，对加租加捐及苛虐待遇，竟无改良及反抗行动，结果均无办法而被压制下去。

总结所有经济争斗的事件与过程，工人均是保守的形势，受资本家的进攻逼迫所成，非工人要求解放的强烈意志自动行为。此可证武汉工人之痛苦压迫到如何程度、工人所处之地位如何恶劣了！

3. 工贼的——工贼之危害工人，尤甚于军阀与资本家。此凡是进的过程中感觉得深切。武汉是在反动的环境中，所以工贼的作恶特别厉害。

武汉工贼的成分是：

（1）反动派中之流氓知识分子，假借国民党之名义欺骗愚弄工人，勾结军阀、帝国主义与资产阶级，收买工人中的败类，串通政府侦探作恶，比如郭聘伯等是。

（2）是出身工人或与工人有相当关系者，以前在工会中当过职员，后因工会被压迫做了军阀的侦探，积极地承军阀政治的旨意，破坏工人一切行动，如张纛、余友文等是。

（3）是由工人出身，在工会做过长时间的不良工人首领，受了反动派之精神的与物质的诱惑、煽动与收买，与工贼侦探的恐吓夸耀变节而为工贼，如袁告成、高秀炳等是。此等三位一体的向工人阶级作恶，如是则武汉工人陷入万劫之地了。

武汉工人长期在政治压迫下，工人本身的势力没有建立稳固之基础，故对于工贼的斗争，多是受工贼的进攻，被动的作坚壁清野的努力，没有力量自动的同工贼争斗。这更是一件为武汉工人痛心的事！

计年来受工贼的破坏，除工贼日常向工人群众离间、挑拨与反动宣传，蒙蔽工人阶级的觉悟外，工会受工贼具体破坏者，有下列各项：

（1）工贼所有的行动，集中在去年五月至十月，阻止和消灭湖北工团联合会组织基础与行动，捣散了各工会之组织。

（2）袁告成、高秀炳、卢士英等之变节投降工贼与反动派，破坏了汉口人力车夫工会、染织工会与徐家棚粤汉路工会之内部组织。

（3）今年一月二十日，武汉各工贼联合告密，破坏本会，指引军警于一月二十日包抄本会代表会议；捕去工友职员二人，被累者一人，经陆军审判，定罪两年，现均押监中。

（4）工贼利用国民党名义愚弄工人，使对真正国民党怀疑；

组织孙文主义学会；拉拢工人帮助军阀作恶。三月十二日中山周年纪念，本会率各业工人参加，散发传单，举行大会，工贼竟以孙文主义学会之集体行动，当街叫喊军警捕拿本会散发传单的工友，并诬蔑本会，向军阀告密。

武汉工人受工贼的破坏，真是万言难尽，如上所述，不过几件具体的大事而已。

四、本会及所属武汉各工人组合在社会上之地位

根据以上所述，本会及所属武汉各工人组合在社会上之地位，已可概见一般，今更具体述之如下：

1. 政府对工会是以极端的压迫，绝对不允许工会有组织的相当之自由权利；资本家或厂主见工会如蛇蝎。故工会内容向外是绝对的秘密，政治权利是毫没有一点的。

2. 一般社团都是随政治势力而转移；因反动派仇恶工人团体，故一般社团因他们的思想腐旧与胆小，加之政治觉悟程度太浅，多不敢与工人团体接近。甚至因他们特殊的利害关系，非常仇恶或反对工人团体之存在，如所谓各法团均是此类。

3. 比较有民众或接近民众性质之团体，因反动势力舆论之挑拨与恐吓，也多方顾虑，不敢接近或相信工人团体与之合作，比如各商人保安会、教职员联会等是。

4. 完全站在民众利益，主张革新人民解放之团体，则与工人团体行动颇能一致，而且为增加其行动势力起见，很愿与工人合作，比如学生会、青年团体联合会、店员联合会等是。但此类社团在形势紧急时，也是与所谓法团和现政治势力冲突的，故彼等在社会上之地位，也几与工人团体同调。

总言之，工会在武汉社会上之地位，是现社会组织中旧势力仇恶之对象！

五、本会的宣传及教育工作

宣传及教育两项工作，是以人力与财力两项为基础的。本会成立伊始，经济能力毫无，人力也是非常缺乏，故此两项工作，除为某一问题某一事件作必要之宣传，与人事之所及作相当的口头训练，在各种会议中竭力表现教育精神外，没有具体的经常教育宣传的特殊计划和设备工作。

六、本会经济状况

本会经济毫无基础，一切最低用费，全赖捐助，且成立时间甚短，会内必须之房租办公等费用，均无把握，非常困难。

七、会员生活状况

要叙述此项，须依赖统计以资比证。本会对此具体而系统之工人生活状况统计调查工作，已在进行中；以前所收得之统计表册，因屡次发生事变而消失，今只能作个概述如下。

工人的生活状况，是以工人的工资、工作时间、劳动条件、工厂待遇及当地的生活程度为标准，明了了以上各项，则工人的生活状况，可见一般了。

1. 武汉工人的一般工资标准，最低者约三元，最高者约三十元，平均多在十五元至二十元之间。工资计算十分之四以洋计，十分之六以钱计。社会上的物价，均以洋价为转移，钱与洋之折扣，起落甚巨。

2. 工作时间，除一部分电灯、电话工人外，一般工人之工作时间在十一小时以上，最多工作时间有自十四至十八小时者。计工作十一小时者，占百分之四十；十二小时者，占百分之四十或五十；九时至十时者，占百分之八九；十四至十六小时者，占百分之十一至十二；八小时者，不过百分之一二而已。

3. 劳动条件，一般是没有平等的结合的。未得劳动者，自然的要受生活压迫，这不待说他。已得劳动者，不是受苛规与专制的强迫劳动，便是受无情的非人道的驱使，绝无所谓劳动的平等权利与义务之可言。总言之，工人的劳动条件，完全是无条件在资本主义的铁腿下呻吟而已。

4. 工厂待遇在所有的武汉各工厂中，没有个近情理的明确规章规定，是否合理且不说，因规章的不宣布，工厂管工随时可以因好恶感情与私利上下其手，不近人情的罚工、侮辱工人人格的打骂，更是工人日常受工厂主待遇的日常生活。厂内私设法庭，肉刑对待工人，不论在工厂在工人家内，并不需要一点物证和法律手续，随时可以叫军警逮捕工人。

5. 武汉的生活程度及一般物价，每一个人一天的最简单最低限度生活费要两角至三角大洋才够维持。每一个人的最低工资，如果不能每日获得两角至三角钱，那一天就不能吃饱两顿维持劳动力继续存在的饭，还有供他个人必要栖身的房租与衣物杂用等费用，尚不能在他所得工资内供给。倘遇什么疾病，他个人只有向无情的空间睁着白眼，那还有供父母妻子的生活费呢？此外以武汉工人中每月只能挣得十元上下的苦工，大都露宿于街头巷尾，或十多人蜗居在丈多方地的极低湿的棚户中，聊避无情的风雨而已。即是每月能挣得十五至二十元的中级工人，也只能在黑暗毛草板房中，维持他不够养活父母妻子的两顿糙饭。所以工人为经济所迫，几视工厂与厂主为工人养生之源，工人陷入经济生活非常不堪的苦境，受环境压迫，不敢从斗争中积极改善他的生活，如是从消极的含辛茹苦方面希望延长时间，多做工作，以图多得一点工资；百般忍受痛苦，为希望厂主不开除他的工作。狼心的资本家更利用工人的弱点，更加减少工人额定工资，利用包工制和论件给资，诱工人入其牢笼，而如是工人的身体疲劳、生活境遇更不堪闻问了。

这便是武汉工人的一般生活状况。

八、本会会员数量

本会会员数量，现在非常小的，没有很大的群众数量。会员的增减变动甚巨，其根本原因，是因我们的组合完全是极秘密环境之下存在，只能容许我们这样做；第二个原因是因各业工人组织能力幼稚，不能在非常秘密之下，做好有秩序的技术工作。同时进行时间短促，本会所属各业会员名册固是要详细登记的，但尚未做完此种工作。

而且本会所属各业工会对会员数量的看待，是只求其组合机关能领导群众。在压迫紧严之下，不敢冒收广集会员，也不易冒收广集会员。

我们可以报告大会者，本会现属各业组合分子的数量上能收会费者，不过二千余人，为组合机关所领导之群众——即是组合之主张受群众直接拥护之行动的——约四万余人。此四万余人，如果能得集会结社自由，都是本会会员数量上的主体。故上述第一项之工人种类及成分之标准，即据此而定的。

九、结论

总括武汉工人目前之现况，在内部组织上是进攻的，在行动上因主观力与客观力相差甚远之故，是近于保守的。工人对于政治有相当觉悟，但只是对政治表示一种觉悟，尚没有对政治有一种定见和热烈的政治争斗行动。工人惧怕工贼进攻非常厉害，这是因为工人是痛恨工贼的，但没有形成制裁工贼的力量，故多半是只能取消极的避免，而不能积极的向工贼进攻。工人需要工会非常热烈，但感觉自身力量未成，不能用工会名义领导公开的行动。

以上武汉工人最近的概况，望大会加以更有力的指导。

（中华全国总工会中国工人运动史研究室编：
《中国工会历次代表大会文献》，工人出版社，
1984 年，第 79—90 页）

海员总工会报告*（节录）

一、概言

海员总工会自与东方运输工人，在广州开了一个东方运输工人大会，其原因乃是在东方民族都是受帝国主义的压迫，所以最有力量反对帝国主义之东方运输工人，应有特别的联合。这次大会，就是巩固无产阶级的先声，实有重大的使命！除海员总工会与全国铁路总工会的代表外，尚有菲律宾、爪哇的代表；日本、印度的运输工人代表，咸受帝国主义的压迫，未能到会。海员工会，并选派出席赤色职工国际代表凡二次。东方运输工人从此成为一个联合战线的模型。去年五月一日，中国第二次全国劳动大会产生了中华全国总工会，为全中国工会大本营。进攻帝国主义、军阀，已有了统一的战线，作战计划、发号施令，自然以中华全国总工会之命令是从！

因此，便儆惕了帝国主义者尽日对着我们发抖。同时，屡想有以破坏我们的团结与东方工人的联合，千方万计都找不出办法来，于是兽性大发，竟于去年五月三十日，出其最后残忍的手段，屠杀我上海同胞，演成空前未有的惨剧。海员工会闻讯之下，即谋对付方法。惟是工人手无寸铁，唯一的武器就是

* 本文原载一九二六年五月出版的《中国第三次全国劳动大会会刊》第十期、第十二期。

罢工，故遂决定下令全数海员停止工作，以为抵抗。由去年六月八日起，各地海员陆续相继离船，与英国帝国主义者争斗。以上这三个重大问题，为一年来的重要工作，其余海员的以往历史与最近的酣战，都是要向中国第三次劳动大会各代表贡献的。

二、海员的生活状况

中国海员生活之恶劣状况，比任何职工远要痛苦一些：食的是干粮粗米，睡的是斗室多人，日与巨大的风浪相周旋，与严厉的风霜相搏斗，工作时间无分日夜，每日做工都在十二小时以上，更受所谓船主、高级职员的殴打与辱骂，更受生命危险的恐怖。因此，海员那种的革命性，完全受了帝国主义者直接压迫下表现出来。海员革命的重要地位，其初当然不为帝国主义者所认识。哪晓得海员所到各国，耳濡目染，则一切政治、经济及生活种种事实，与中国海员之待遇相比较，确有天渊之别，老早已给海员一种重大的教训。海员的自身痛苦，哪个不想早日得以解除，以求待遇得以平等。究竟海员屡次作怎么样想？知非组织工会团结实力不可！是以海员工会组织之必要，乃应时起。富有革命性的海员，自有了炮垒——海员工会之后，时刻准备与敌人——帝国主义者作战！一九二二年的海员大罢工，一鸣惊人，如是便唤起了中国职工运动的热烈进程。

统计中国海员人数不下十余万人，雇佣于外国轮船占十之八九。那末，海员的足迹遍踏寰球，八十年前帝国资本主义者侵略东方民族，自然以航业居首功，以贱价买了我们的劳动作他们的生产。所以雇用海员，都以我们中国人为需要。数十年前，我们中国海员雇佣于外国轮船，虽然胼手胝足，尚可以得过且过；近来资本侵略的国际帝国主义者纷至叠来，群向我们中国实行经济、政治、文化的种种侵略，弄到我们中国民生凋敝，人人都无以自存！

三、海员的经济状况

帝国主义者自造成世界大战之后，影响到生活程度日高，月薪十余元至二十元雇来的中国海员，怎能够养妻活子？普计最高工资者每月七十元，实百人中之一；次五十元，百人中之二；三十元，百人中之三十；二十元至五元者，百人中之八十，甚至每月二角半者，亦有百人中之二三，此为海员工资之大概情形。况而海员每一次航海，半年或一年，且有三四年才可归来者。漫讲无力仰事俯蓄，就想父母妻子不至饿毙，也算是侥幸啊！

四、海员工会的组织

我们海员既然受这几重压迫如此之甚，就要找出一条生路来！要组织海员总工会于香港，集中我们的势力，预备向压迫阶级——帝国主义者反抗；并组织分会于广州、上海、汕头、中山、天津等处，为总工会之外援。

当海员工会组织之初，都是航海归来的海员，组织工会的常识非常幼稚，所以海员工会只有上层组织，一如中国宗法社会上某个堂号的古版章程，不屑下层着手。须知工会为工人与资本家争斗的炮垒，这个组织问题非常重要，必须军队一样严密，然后可以指挥动员，一切斗争自然可以达到胜利！以前海员只有总会，各重要通商口岸设有分会，此外并无差强人意之下层组织，工会里的职员便易于舞弊，那就是遗憾的一回事。海员工人虽众，苟无系统，有何进步之可言？简直说，以前的海员工会未有严密的组织，是我们海员无庸讳言的啊！

五、海员之罢工奋斗

一九二二年海员大罢工，奋斗了五十六天。香港停泊了帝国主义的轮船足足二百四十五艘，重量约十七万吨，滞留货物无人起卸的也有三十万吨；银业汇兑、邮电交通完全停止。英帝国主义见此形势严重之大罢工，起了十二万分恐怖，手忙脚乱，一种狼狈情形，竟然下起军令来：水上禁止小轮来往各地，陆上禁止交通，并调集十六艘兵舰驻守港口，陆军数千逡巡市面。罢工工友迫于步行回国，致遭英兵之开枪轰击，死四人，伤者数十人。一时全港人民大为震动，帝国主义者危惧万分，乃仇视海员工会，以为完全是海员闹出这一回事来，急切携带武器，将整个的海员工会封禁。但海员与其他各工友并不因此而气馁，更积极的联合战线，竭力的与帝国主义者奋斗到底。帝国主义一筹莫展，智计俱穷，乃始俯首向我们投诚，将海员工会恢复原状，承认要求之加薪条件。帝国主义者不欲屈服于东方工人而不可得！

一九二二年海员罢工胜利之后，双方订立三件较重要的条约：（一）实行加薪；（二）赔偿罢工以来之损失；（三）改善佣工制。可杀的英国爵绅半中国人何东，惯向帝国主义摇尾乞怜，站在调人地位，为签约中之证明人，并负二千余万元之赔偿损失，由何东与英国船东代表失打彝照约偿给，调印于条约之内。

后来复工，帝国主义者拉拢何东失打粪分文不与，破坏条约，而且利用工贼组织——航海公会，冀图破坏海员统一。有名的蓝烟通轮船全数归航海公会雇员。已经订立的加薪条约，宁愿取销。此种丧心病狂的包工头，甘作外人鹰犬，与五万最奋斗的海员对抗。是以宝泰办馆的老板梁玉棠，总不免遭工人狙击而丧生！

六、海员工会的沿革

轰动寰宇开东亚新局面的海员罢工，自战胜帝国资本主义之后，会务扩张猛进，故意中事，讵知上了工贼翟汉奇的勾当，任他把持工会，一味欺骗海员，将工会内的存款据为己有，任意挥霍；惟恐海员察觉，乃买通一部分职员，狼狈为奸，置会务于不理，弄到凌乱不堪，系统尽失。名播中外之海员工会，不旋踵而腐败立见，纲纪荡然，使各海员怨声载道。聪明的帝国主义者便乘机进攻，遇事压逼，海员工会不致自行解体，将为帝国主义者解体之势。海员至此，义愤填胸，忍无可忍，乃召集奋斗分子，共商挽救策略：（一）扫除内奸；（二）抵抗外患，荩筹硕划，共同努力干去。始将那个一息垂绝的海员工会，中兴起来；并能提纲挈领，唤起全港工人继续五卅运动。

七、五卅惨案后的大罢工

（甲）香港：

一九二五年海员工会、汉冶萍工会、铁路总工会、广州工人代表会，发起中国第二次全国劳动大会，根据重要的决议案，组织中华全国总工会。正在努力进程之中，适因杨、刘背叛作乱，不惜朝秦暮楚之卑劣手段勾结云南唐继尧作他们的外援；滇兵由云南源源出发到海防，冀向广东内渡，来攻打广东革命政府。恰好他们内渡的径途，必要经由香港才可以得达广州。这个消息传到海员耳朵里，便一致向到港的滇兵驱逐，务要他们跑回去出发原地——海防，不许他们一个搭船来到广州。当时香港秩序大乱，香港政府原本于物质上、精神上接济杨、刘作乱，至此亦惟有呕气。在海防候船的第一批三千七百几个滇兵，不能越雷池半步，不得已要折回云南，杨、刘之变之战事不致延长。至于广州方面的海员，则联合运输各工会，停止杨、刘的运输，更有三条铁路的工友同时罢工，断绝他们的接济。向称跋扈之滇桂军四万之众，不过一星期间，消灭无遗！这种力量是我们工友帮助革命政府不少！

广州革命政府肃清杨、刘以后，上海五卅惨案接踵而起。省港各工友咸愤英国帝国主义者屠杀我们同胞，人人都愿与帝国主义者决死战。海员工会接到中华全国总工会之命令，倥偬之间联合全港各工会一致起来向帝国主义者严重反抗。六月十九日风起云涌的二十余万工友举行大罢工，停止了他的船只七十五艘，其中容纳六百余人巨号的皇后船亦有多艘。海员以奉行命令为唯一之使命，一切行李亦弃之不顾，争先回粤。后来帝国主义者愤海员罢工之热烈，乃下四十余人于狱。香港海员工会底下有寄宿舍一百二十余所，故连船上海员离港内渡者不下万五千余人。远洋航线因交通需时，直至旧岁年底始完全回至广州。海员自罢工奋斗至今，已有十个月。帝国主义者自被我们执行封锁政策以来，其对华侵略的地位，在东方大本营——香港，早已根本动摇！

（乙）广州：

香港大罢工实现后，所有驻港海员全数移回广州进行罢工运动。因鉴于一九二二年因罢工战胜转呈衰弱之点，及为帝国主义挑拨离间、威迫利诱的种种原因皆由组织未臻完备，乃决议召集全国海员代表大会。一九二六年一月十五日正式开会于广州，统计香港、上海、汕头、天津及外洋各口岸选派出席代表一百二十二人，代表有组织的海员五万二千之众。开会期间五天。在此代表大会当中最重要之工作，就是改组海员工会，并议决六个决议案：

（一）促成香港运输业联合会；

（二）促成全国运输业联合会；

（三）加入赤色职工国际运输工人宣传委员会；

（四）联合东方运输工人，作反帝国主义运动；

（五）与各国运输工人联合起来；

（六）外国海员在某一地方罢工，中国海员到该处，届时自然亦要同情罢工。

大会告终之后，促成香港运输业联合会已完全达到成功；加入赤色职工运输业宣传部亦经电请在案。其他各问题则积极使其实现：（一）组织宣传员养成所，成绩颇著，现已毕业三届，有三百余人，负责向各罢工工会宣传，船上各支部亦已组织有七只船；（二）设立失业介绍所，在此罢工期间以杜绝搀夺作工，至介绍往各船作工者期限在三个月以内，俾得各失业海员轮流作工；（三）组织罢工代表团，规定每周开同人大会一次，以资训练，复开各种联欢大会游艺大会等。

此次全国海员代表大会对于海员工会改组问题，最重且要。

以前海员工会只有上层组织，轻忽了基层组织，乃有提出改组之必要。假如海员工会设于广州，其余分会设于香港、上海、汕头、中山、天津以及外洋各埠，这是不能够的，因为海员是流动产业，若要海员与工会时常发生密切关系，必须每只轮船组织支部，各口岸原有之分会改为分部，在轮船上则名为支部。

海员工会从前是会长制，改组之后则采用委员制，最高机关即系全球中国海员大会；大会闭会后，最高机关为执行委员会，由执行委员会组织干事局，下设（一）秘书厅；（二）组织部；（三）宣传部；（四）庶务部；（五）交际部；（六）调查部；（七）游艺部；（八）财政部，并有特设机关（甲）救济委员会，（乙）失业介绍所，（丙）消费合作社等。（原文至此未完）

（中华全国总工会中国工人运动史研究室编：
《中国工会历次代表大会文献》，工人出版社，
1984 年，第 73-79 页）

出席赤色职工国际经过

李立三

列位劳动代表、农民代表：兄弟今天报告的是这次受中华全国总工会委派赴莫斯科出席赤色职工国际经过的情形，同时把在俄两次和农民国际东方部宣传主任的谈话向列位报告一下。这个报告可分四部分来讲，（一）赤色职工国际此次大会的意义；（二）中国工人运动在世界职工运动上的地位；（三）赤色国际对中国工人运动的决议案；（四）农民国际的情形。

（一）赤色国际是世界工人——革命的工人、革命的工会起来共同组织的，中华全国总工会在去年第二次大会的时候，已经决定加入赤色国际，我们要知道世界上工人阶级共有三个性质不同的国际，第一个是革命的工人组织的，就是这个赤色国际；第二个是黄色国际，为一般勾结资本家的改良派组织的；第三是美国国际，为纯粹资本家走狗组织的工会。

全世界工人不是通通都站在被资本家之压迫的一阶级么？为什么发生这不相同的派别呢？我们要知道这正是资本家的诡计，资本家的阴谋；因为全世界工人如果联合起来是很不利于资产阶级的，所以资本家便用种种阴谋诡计，希图破坏我们的统一，分裂我们的组织。赤色职工国际是革命的工人组织的、为增厚集中革命的力量、反抗资本家的压迫，极力进行全世界的工人组织的统一。而与资本家勾结的黄色国际和美国国际，则常常破坏世界工人之统一，不特想破坏世界工人之统一，并且每一个国家工厂中都极力分裂工会组织与统一，他们的方法就是开除革命的工人领袖和团体，并进而勾结资本家压迫工人阶级，所以现在世界许多国家的工会都是分裂的，如法国有革命工人的工会和改良派组织的工会；日本亦有两个总工会，如捷克斯拉夫甚至有十余个总工会，这就是许多与资本家勾结的工贼施行其分裂的阴谋之结果，但全世界工人如果长此分裂下去，如果不急速统一起来，可以减弱我们对付资本家的力量，我们要知道工人阶级的敌人只有资本家一个，我们应当团结起来，集中我们的力量才容易把资本家打倒，所以赤色国际认为我们工人阶级要得到最后胜利，必须全世界的各国的工人的工会联合起来，这亦是赤色国际三数年来的唯一的策略。但是赤色国际尽力想种种方法统一全世界的工人，而黄色国际等工贼则从事破坏，不遗余力。譬如赤色国际去函请求黄色国际加入统一世界工人运动会议，黄色国际则严加拒绝；而且他们不仅严加拒绝，不仅不赞成其主张，并且对于赤色国际所倡导之策略，拼命反对。最近如去年我国“五卅”运动，上海方面五十万工人的大罢工，是反帝国主义运动，亦是反对资产阶级的运动，所以革命的赤色国际便极力号召全世界工人来帮助我们，而黄色国际、美国国际独漠然视之，虽然赤色国际，几次邀他们合作，也置之不理。因此，我们可以知道黄色国际是不同情于我们的罢工，他是不赞成反对帝国主义和资产阶级的。我们因此亦可以断定黄色国际便是资本家豢养的走狗。但是从几年来的情势看来，世界上各国的工人群众，已经渐渐站在革命的一边，同情于赤色国际，受资本家利用的只是少数各国工会的领袖了。譬如英国总工会原是属于黄色国际的，现在已经同情于赤色国际，与俄国工会组织世界工人统一委员会了。其他还有瑞典、挪威等国的工会，也加入世界工人统一委员会了。在各国改良派工会里头的工人，亦多同情于统一世界工人之主张，所以此次赤色国际大会最重要的问题乃是如何进行全世界工人之联合。关于这个问题，大会已有很详细的讨论与决议，这些决议实可以做我们中国工会运动对付改良派和工贼之标准与模范。现在且概括的说明其重要的几点：

1. 为集中我们作战的力量，在一国只能有一个总工会，全世界亦只能有一个总工会，要这样才能把资本家打倒，才能得到我们最后的胜利。所以我们必须极力去反对资本家、工贼的分裂我们势力的阴谋，并且在同一个工厂、同一的产业里，我们亦只能有一工会。

2. 资本家和工贼破坏我们统一的方法怎样？我们要怎样去应付？在一个工厂里原有许多职务上的分工，他们——资本家及工贼便利用这个机会，把工人分成许多派别，这是他们破坏我们统一的第一个方法，所以黄色国际对工会组织主张以职业为单位，赤色主张以产业为单位。主张以职业为单位，一个工厂里便会有几个工会，因此我们的步趋不易一致，我们便没有力量对付敌人，这是黄色国际帮助资本家的用心，亦即是资本家叫他们这样做的。第二个方法便是利用帮口的不同，即以狭隘的地方主义，使工会里每一种人或每一种民族，组织一个工会，以分散我们的组织。第三个方法是把工人分成工资高的与工资低的两种，在工会中征收很重的会费，因此工资低的便没有方法进入，他们破坏我们统一的阴谋也可实现了。第四个方法是利用工人信仰上的不同，各派教徒各组一种工会。第五个方法是把工厂里做资本家走狗的职员工头加入工人团体，做工人的领袖，进一步进行开除革命的工人，因此，革命的工人没有法子，只好另组工会了。所以我们万不要因为职务、帮口、宗教、工资的分别使自己分裂起来。我们工友同是一个被资本家压迫的阶级，我们应一致联合起来，打倒我们的敌人！我们对付的方法最要留意的就是工会分裂，并不是我们工友自己要分裂，乃是被资本家、工贼所蒙骗的缘故。我们统一工人运动的策略，决不可笼统的反对整个的工会，而是要在每个行动的时候、每个日常生活斗争的时候，渐渐使改良派工会下面的工人觉悟起来，证明这般领袖，完全是帮助资本家的自动的反抗他们的领袖，与我们联合起来，工会便可统一了。这就是统一策略中最重要的一点。

（二）中国工会运动，在世界工会运动中已经站在极重要的地位：第一，中国工人阶级的奋斗，在世界工人运动革命运动中表现了很大的力量，去年的五卅运动更加使帝国主义发抖，尤其是省港大罢工，支持至一年之久，这是差不多在世界各国工人运动的历史上都找不出来的。西欧的工人阶级知道中国工人阶级的敌人就是他们的敌人，所以自动的积极的起来援助，认为中国工人阶级的斗争，是世界反帝国主义战线中伟大的力量。因此，中国工人在世界职工运动中已经占了很重要的位置了。第二，中华全国总工会，差不多全中国有组织的工人都站在这一个旗帜之下，这是世界上除了俄国以外，其他各国所没有的。第三，在东方各国的工会，组织好的很少，并且整个的加入赤色职工国际的只有中国一国，其他或部分的加入，或且加入黄色国际。因此种种优点，世界各国革命的工人阶级，对中国工人抱有很大的希望！

（三）赤色职工国际对中国工人运动议决案极为详细，在此短促时间内，只能将其最重要者报告于下：

第一点，中国工人阶级要极力防备改良派及一切帝国主义者的走狗，侵入中国工人运动。

自五卅惨案发生后，帝国主义者已见中国工人阶级力量的雄厚，所以他们——帝国主义者——压迫的方法也即更变，除一面屠杀工人外，又收买许多改良派及工贼，来破坏工人的组织，因以前帝国主义者以为只要刀和枪即可以制服中国的人，但在"五卅"以来，工人阶级虽蒙极大的牺牲与流血，而其团结的精神总是一样不变，故他们帝国主义者知道现在中国的工人，已非刀枪可以制服，故除此法外，又授意一般惯于欺骗工人阶级的改良派，再来欺骗中国工人阶级。甚么是改良派？我们可以叫他做新式的工贼！此等新式的工贼，比较旧式的工贼要利害千万倍。何以故呢？因旧式的工贼已经在他自己的脸上打了一面招牌，我们一见即知道他是工贼了。而现在新式的工贼呢？他们外面却挂上了很好看的面具，心里面却藏了一把刀，天天帮助资本家想法子来杀我们。我们略疏忽，便要上他的当。举例来说：

第一，列位代表想必知道上海在"五卅"后，在各工厂发生了甚么"工人俭德会"的组织，此时有少数受了他们欺骗的工友也就加入这个会，其实这个"俭德会"表面上也说是援助工人，而实际则帮助资本家，何以知道呢？因当时资本帝国主义者对于我们，总是极端的压迫，而他们则并不受资本家的压迫，并且还请他们的代表到工厂亦向工人演讲。可见新式工贼，完全是与资本家一鼻孔出气的！

第二，还有国民党右派组织的“工农俱乐部”，他们高唱“阶级调和”的口号，他们说只有阶级调和才能完成国民革命。几年来的流血牺牲就是为的国民革命，如果阶级调和真能实现国民革命，我们极愿乐从，但是看看事实如何。去年“五卅”的国民革命运动，无一处不是我们工人奋勇当先、坚持到底，但是在上海勾结帝国主义和军阀来解散上海总工会的是谁？在天津向军阀告密来压迫天津罢工的是谁？不都是所谓中国的大资产阶级组织的总商会吗？可见破坏阶级合作的不是我们工人，而是大资产阶级，破坏国民革命的不是我们工人，请这般主张阶级调和的先生们，拿出他们的仁爱主义去向资本家宣传，劝劝他们，不要再勾结帝国主义勾结军阀来压迫我们了、惨杀我们了，劝劝他们不要再令一般工头监工拿铁棍、手枪来打我们了。如果他们不到资本家那里宣传，还要到我们工人里面来宣传，便是要我们完全受资本家的压迫，要我们一块跟随他们去做帝国主义军阀的走狗，所以他们向我们工人宣传阶级合作，完全是帮助资本家压迫我们，完全是破坏国民革命。我们老实不客气，要把这般先生赶出去，更要用阶级斗争的方法来集中我们的力量，领导国民革命到底。

第三，日本帝国主义命令他们的走狗，在上海来召集一个远东劳动大会，表面上说是要解除亚洲工人的痛苦，其实他的意思也不外二种：第一种，日本因与英美发生冲突，日本自己知道不能打倒英美，所以他想利用全亚洲的工人来打英国美国；如果将来英美宣战时，好骗中国的工人去上火线，去替他们死！

第二种，日本侵略中国，自经五七事件后，中国的人民尤其是中国的工人，反抗得厉害，所以日本帝国主义者令他们的走狗在上海倡言中日亲善应当联合起来，其实就是要中国人完全屈服在他们武力之下。从上面二点看来，这些新式工贼，表面上虽很好看，其实是肚里藏刀来帮助资本家来惨杀我们。我们要特别留心呵！此为赤色职工国际对于中国工人运动议决案第一重要之点。

第二点，中国之工人与农民应亲密的联合起来，因为中国之工人虽多，中国之农民更多，而工人与农民所受之压迫是一样，其敌人同为资本家、地主、军阀、帝国主义者，所以中国之工人与农民应当联合起来，因帝国主义者，最怕中国之工农联合起来，所以对于中国工农的联合极力来破坏，于此我们更不要中他们的诡计，要在共同的利益上，来打倒共同的敌人。

我们从五卅惨案后，知道中国的工人曾作过反抗帝国主义的大运动，而中国的农民也曾作过反抗军阀的运动，尤其是在国民革命军攻打陈军时，攻打杨刘时，得到东江农民的帮助确是不少，可见中国的工人农民皆富有革命性，对于革命有很大的力量。广东的工农群众，更能亲密的联合起来，拥护国民政府，使国民政府更加巩固，这可见得工农联合愈亲密，则反对帝国主义与军阀的力量就愈强大，而国民革命也就愈成功的快。故全中国的工农群众联合的日子，就是中国国民革命成功的时期；而且工农的解放也只有靠工农亲密的联合，所以赤色职工国际对于中国工人与农民的希望，就是亲密的联合起来，不要中了帝国主义者的诡计来自相分裂。因为工农的分裂，便是反帝国主义与反军阀力量涣散。此为赤色职工国际对中国工人运动议决案之第二点。

第三点，要中国工人阶级想法子将东方各国的工会统一起来，但为什么要中国工人来负此责任呢？（一）因东方各国只有中国的工人是在一个工会组织之下，日本则有二个工会，印度工会很多，爪哇亦有两个工会，只有中国工人的工会是统一的。（二）中国以前各种反帝国主义运动，都是工人领导，可见只有工人才富于革命性，要中国工人将他的革命精神影响东方各国，使东方各国的工人都革命化。（三）中国的工人通通加入赤色职工国际，而日本之加入者不过一万人，爪哇亦不过十万人，印度很少革命份子，中国有六十万人的大规模的工会（这是去年大会时的统计）。有上三种理由，故赤色职工国际，要中国工人来负统一东方职工运动的责任。赤色职工国际对于现在第三次劳动大会特别注意，要在此时来整理一个统一东方各国职工运动的基础。并且决定要请各国的工会代表，来开一个东方职工的大会，讨论东方职工运动的策略，故此次赤色职工国际特举代表五人来参加第三次劳动大会，可惜因路途遥远，这五个代表竟不能如期来参加。

此外赤色职工国际尚有二个议决案，俟另日发表。

以上为赤色职工国际对于中国议决案之三要点。其余尚有许多方法，使中国工人能得到良好的出路，请各代表特别注意，认真来向工农群众宣传，使个个人都知道世界工人对于中国工人有特别的注意和希望。

（四）在农民国际的谈话。农民国际为世界农民共同组织之总机关，我因未受农民之委托，所以不能正式代表农民协会与他谈话，但农民国际特别注重中国的农民，所以也曾谈过两次话。

农民国际特别注重东方的农民运动，所以特设东方部，专管东方的农民运动。我与东方部宣传主任谈话，他觉得对于中国农民运动有很大希望，因为中国农民与工人一样的受帝国主义、军阀的压迫，中国农民被地主剥削得很利害，除纳租外，还有种种的苛求，此外还有土豪劣绅的压迫，在广东更可知道，劣绅土豪与民团联合起来压迫农民，而军阀又有苛捐、杂税尽力的剥削，在战争的时候还有拉夫、痛打、惨杀等事。帝国主义者亦直接间接的来压迫农民，他要中国农民出产的原料，好制造商品，而将制好的商品又来卖给农民，如蚕丝即为最好的例子。帝国主义之货品悉由机器制成，他运到中国卖得很贵，但在中国买原料去时，价钱又很廉，而且中国农民因帝国主义输入很多的商品到中国来，使他们的手工工业品在市场上不能和他竞争，致中国的手工工业工人渐渐失业。帝国主义者一方面帮助劣绅土豪来压迫农民，一方面又用种种方法向农民来剥削。农民受了帝国主义、军阀、劣绅、土豪的重重压迫，除了起来革命外，实无其他良好的方法来解放自己。农民国际去年曾派代表来到中国，帮助中国农民运动的发展，希望中国农民协会与农民国际发生极密切的关系。

以上为与农民国际所谈的话，我也曾将中国的农民运动的情形对他讲过，由此我们可以见得农民国际特别注意中国的农民运动了。

列位代表！现在因时间的关系，已不能再说了，只好请各位有疑问的，马上提出来，待兄弟来回答罢了。

（《工人之路特号》，第三百一十三期、第三百一十五期，1926 年 5 月 8 日、10 日，第一版）

第三次全国劳动大会关于职工运动总策略决议案*

A.“五卅”以后的工人与“五卅”以前的工人，有什么不同呢？工人经过五卅运动，似乎浑身都增加了力量。“五卅”上海二十万工人的要求虽未达到，罢工亦未胜利；但是，上海工人奋斗经验的增加和组织力的扩大，已是不小，即阶级意识和自尊心都有长进。香港和沙面工人罢工将近一年，他们已获得的最大的胜利，是工人阶级本身势力与经验之增加和革命根据地因之而巩固。北方铁路工人、城市工人和矿工受摧残最甚，最近张吴反动势力伸张的结果，使北方各工会都不能公开存在而暂时秘密起来，但是地方工人历年奋斗积聚之力，决不因而丧失。总之，“五卅”以来，全国工人牺牲虽大，全国各工会均遭压迫或封禁；但是工人的奋斗力和觉悟，是有加无已的。

B.全国民众经过“五卅”以来反帝国主义的大运动，已有绝大的觉悟。民众之觉醒，使帝国主义在华之势力日见渐摇；张作霖、吴佩孚等的军阀势力暂时虽有伸张，然军阀内部万难统一，必日见崩溃而无疑。经过五卅运动以后各种社会中都起了新的变化，即新势力与旧势力之冲突。冲突的结果，旧势力必日见消失。五卅运动的影响，并由城市而及乡间，同时全国

* 本文原载一九二七年六月出版的《工人运动》。

工人中已有一部分工人（即广东工人）获得自由，并在帝国主义及其走狗军阀蹂躏的中国，已产生一国民政府。国民政府的基础日见稳固，必能担负全中国革命的任务。五卅运动后，帝国主义在华势力危而复安，卖国军阀亦尚未根本崩溃，都是用最残忍露骨的手段以维持其最后生命，无异病人之回光返照，而其死亡之日，必不在远。

C. 工人阶级最近之目的在求经济改善与相当之自由，而其责任则在促成帝国主义与军阀之死亡。工人阶级的要求，虽尚在工资的增加、工时的减少与待遇之改良，以及工会之公开存在；然在帝国主义者及军阀存在的时候，不但不答应工人的要求，而且以枪炮屠杀工人，因此工人之经济改善与自由权利之获得，必在打倒帝国主义与军阀之后。如何打倒帝国主义与军阀？如何团结全国工人一致奋斗？在打倒帝国主义与军阀运动中，工人阶级应尽什么责任？是这次劳动大会中最重要问题。

D. 全国工人在屡次奋斗中，只学得一种组织的方式，就是公开的工会组织，而且是比较原始简单的组织形式。我们并不否认公开的工会组织的重要，可是仅有公开的工会组织是决不能够的。工人阶级的组织形式有好些种，有时还要按照当地情形而定，目的在能团结最大多数的工人。工人阶级第一个组织形式，就是工人阶级的政党。工人政党在于团结目的一致和最能奋斗之工人，为全工人阶级之利益而奋斗；工人政党的组织，是工人阶级最厉害的组织，为压迫阶级所最害怕的。因此，压迫阶级总是离间工人群众与工人政党之关系，可是工人群众尤须拥护和运用工人政党以与压迫阶级相抗。第二种形式就是工会。在能公开的地方须有公开的组织，可是在不能公开的地方，必须有秘密的工会；秘密工会的作用，在少数诚实而勇敢的工人，不拘形式，能指挥工人一致奋斗。第三种方法，就是以合作社、工人学校、俱乐部、图书室、饭堂、寄宿舍等等合法的组织，团结工人。总之，工人阶级必须利用种种形式组织来奋斗，方能达到改良地位的目的和担负历史使命的责任。

E. 工人群众中战斗力最强的，首推大工厂、铁路、轮船、矿山、码头、市政的产业工人。凡工人群众的解放运动，必须此种产业工人为中心，再联络和组织各小工厂工人及广大的手工业工人与商店雇员，共同奋斗，工人运动才能一致而更有力；只有大产业工人，数量上未免太少，小工厂工人、手工业工人和商店雇员又失之散漫，只有以少数产业工人为中心，而环绕着广大的手工业工人、小工厂工人和商店雇员运动，才是统一的有力的工人运动。因此，大产业工人必须赞助各种职业工人的经济争斗和组织，而各种职业工人则必须跟着产业工人而为全民族和全阶级之利益而奋斗。

F. 农民占中国人口百分之八十，但是农民是散处在乡间的，很难得成一个整个政治势力。政治总是以大城市为出发点，而产业工人却在大城市中占重要地位。因是工农群众的整个解放运动，亦必发动大城市的产业工人，但是工人群众要得到胜利，必须有广大的农民为后盾。因此，工人与农民之关系，不但是同盟而已，而且工人群众随时要提携着农民一致奋斗，这是有组织的工人群众不可忘记的。

G. 反帝国主义的民族革命运动中，为全体人民利益而奋斗，工人阶级固应立在最前线，然亦应与各阶级革命民众（特别是学生小商人），建立联合战线，则民族革命势力乃愈见壮大，更易促其成功。

H. 第二次全国劳动大会决定了工人群众在国民革命运动中的责任，今年的大会可以更说得具体些，全国工人阶级必然拥护为负担国民革命的党和为全国民众利益奋斗的国民政府。工人阶级在国民政府之下，已获得相当之自由。工人阶级为保持他们已获得之自由，就必须巩固国民政府，而且全国工人都必须赞助国民政府北伐，虽是为国民革命实现于全中国，同时也为全国工人自由普遍实现。但是中国有组织的工人要能在国民革命中尽最大的力量，就必须一面组织占大多数手工业工人及雇员，一面提携着农民整个的参加国民革命。“五卅”以来，全国产业工人已表现伟大的反帝国主义势力，已有组织的产业工人，团结手工业者及在国民革命的阵线上奋斗，是打倒帝国主义与军阀及解放自己的不二法门，这也是有组织的工人目前的唯一责任。

I. 工人阶级要完成他的责任，目前应注意的问题：（一）工人群众虽然经过五卅运动，但是他们的势力还没有基础，所以工人群众目前就用种种组织形式团结工人，巩固工人阶级势力的基础；（二）利用许多小的斗争（如部分的经济斗争），扩大产业工人和手工业者的组织；（三）要求工会组织的自由和劳动法，我们知道在现在反动局面之下，工人自由和劳动法是说不上的，可是这也是团结工人攻击敌人的一法；（四）号召全国工人及民众拥护香港罢工，务必使香港罢工得到适当之解决，因为这是与全国工人运动的盛衰都很有关系的；（五）立即与农民代表大会商定密切联合一致奋斗的方法，并决定各地有组织工人如何帮助农民组织团体的种种问题；（六）敌人破坏我们之又一方法，就是利用工贼，我们必须随时尽力以铲除工贼。

J. 工人阶级在奋斗过程中，又须注意下列二点：（一）必须有统一的指挥，由全国以至于各地方，都必须如此。因此，大会认定“中华全国总工会”是全国工人唯一的指挥机关，各地指挥之统一，亦必设法促进之。（二）工人阶级每次的奋斗，必须审时机与自己的战斗力，畏缩退后固不可，轻举妄动亦不可，因此两者都是取败之道。

K. 中国工人的奋斗要跟随着赤色职工国际及与世界工人发生密切关系。五卅运动中，外国工人不但反对他本国政府压迫我们，而且给罢工工人许多物质上援助。尤其是东方各国工人，我们要与之联络；不但打倒帝国主义需要如此，就是要使我们的罢工能胜利，不致为外国工人破坏亦须如此。

（依照中央文献出版社2011年《建党以来重要文献选编》第三册订正）

关于工农兵大联合报告的决议 *

大会听了工农兵大联合的报告之后，决议如下：

过去一年的革命经验告诉我们：军队不与工农联合必至失败，军队与工农联合才能胜利。奉军压迫上海工人而失败；陈军摧残东江农民而失败；河南国民第二军因不诚意与工农联合而失败。反之，广东革命军与工农联合而统一两广，肃清反革命势力，建立国民政府。一方面又告诉我们的工农亦须革命军的胜利而得到他们组织自己的机会。广东工农运动有今日之发展，是因为得到了革命军的保障。国民军在直、豫失败后，直、豫的工农运动大受打击。如广东革命军能继续与全国工农携手共同奋斗，则革命军将来北伐，必能前驱无敌。我工农为国民革命计，为自己阶级利益计，誓必竭力援助革命军，以完成其使命。

工农兵大联合万岁！

（中华全国总工会中国工人运动史研究室编：《中国工会历次代表大会文献》，工人出版社，1984 年，第 133 页）

* 本文原载一九二六年五月五日出版的《中国第三次全国劳动大会会刊》第四期。

组织问题与其运用之方法决议案*

（一）全国工会运动，在过去全国革命高潮的一年中，已得很显著的发展，不仅在全国几个大工业区域中，工会组织发展到了最高的程度，就是工业不发达的地方，在革命运动进程中，也积极的组织工会。但是从过去发展上看来，工会组织发现以下的缺点：

1. 各地工会在过去的一年革命运动中，对于自身工会的组织，未能切实注意，只不过做了些应付当时斗争的工作，遂使工会组织无形松懈，随起随复。

2. 各地总工会及各工会，对于下级工会及工人群众的关系，在组织上不能十分密切，一切组织未能达到群众化。

3. 各工会下层组织的进行，在过去无大成绩，多半有名无实，使工会的基础不能得到稳固的地位，易为环境所左右。

4. 各级组织——工厂支部及工厂委员会，在过去视为转达命令机关，失去各级组织的意义和作用，不能巩固和充实工会基础和力量。

（二）一年来民族革命运动中，工人阶级却表现了自己阶级的伟大力量以及在这些运动中的领导地位；同时引起帝国主义、军阀、中国资产阶级以及其他反动派之恐怖，促成他们的联合

* 本文原载一九二六年五月九日出版的《中国第三次全国劳动大会会刊》第七期。

战线，向工人阶级进攻。在这种形势之下，工人阶级不仅积极的发展工会的组织，更要严密而集中工会的组织，才能充实工会的力量，彻底与敌人斗争；才能克敌制胜，以谋得中国的与工人阶级的解放。

（三）工会是工人阶级斗争的营垒，他的组织只有两种形式——产业的与职业的。他的原则是要严密的集中。所谓严密，是要工人群众在工会中加紧团结起来；所谓集中，就是在某地一个职业或一种产业，只有一个工会的组织。过去旧式的行会和单级制的组织，应即行改组；就是各产业中的职业组织，以及同一职业而分为几个工会，都是依照产业与职业的类别，合并统一成为一个工会。然后工会的力量始能强大的起来，而能担任目前的斗争。

（四）工会的组织不但需要强有力的执行委员会，而且要有严紧的团结群众、巩固基础的工厂支部组织，才能将工会中的广大群众加紧的团结起来。

（五）工厂支部是从下层工作部分起，只要有三人以上就可组织起来；一俟发展，就依据工厂或作坊工作部分，而分为若干支部。支部人数不定——只限于某一工作部分；倘人数过多，不便开会，可依工作地段或班次分组为团或排。每团或排推定团长或排长一人——人数不限十人，而每一支部，推举三人或五人，组织小组干事会。支部人数少的，只举书记一人。

（六）工厂支部无论在公开和秘密的地方，均认为工会的基本组织，因为同一工作部分的工人，有相同利害之关系，无形中有一种自然团结性；并且这种组织的作用，在平时为训练工人的单位，使一般工人变为明白勇敢而活动的分子；斗争时是工会的营垒，坚固自己的战线。在不能公开组织工会的地方，这种组织更有伟大的作用，潜伏在工厂或作坊中，随时引导工人群众作一切斗争，发展工会的组织。但工会无论公开或秘密地方，对外均须秘密。

（七）支部干事会及无干事会之小组或支部，每星期开会一次。干事会之全体会员大会，每月至少开会一次。团或排全体会议每星期一次。每次会议中，应报告工会工作、时事要闻、讨论执行上级机关命令事项与工厂临时发生问题，或讲演工会运动、政治问题、劳动常识、工厂生产情形、工人个人批评等。

（八）在同一工厂、作坊、地方的工作部分，有二个以上相联之支部，便可组织工厂或作坊地方委员会。他的职务是承接上级工会之命令而直接指挥下级群众，参加一切经济的、政治的斗争之积极行动，并随时指导和督促支部干事会之工作。

（九）联合同一产业或职业相邻之二个以上的工厂、作坊地方的委员会，便可成立某产业或某职业工会，但须建立在阶级斗争上面，本身组织也要十分强健。

（十）各级组织应有候补委员或书记之设立，以补充正式职员之缺额，人数与正式委员或书记相同。各会议时亦可出席，但只有发言权，无表决权。

（十一）产业落后的中国，各种产业虽在幼稚时代，但在最近一年来，按照产业而形成之工会，计铁路、海员、矿山、纺纱、五金、印刷、邮电、运输码头夫……这几种产业工人组织，虽然未普遍和健全，但就各地组织发展上看来，除铁路、海员已有全国组织外，其余皆有进行全国组织之可能。全国总工会今后应注意这几种产业工人之组织；发展到相等程度时，即组织全国各种产业总工会。这几种产业总工会，确为全国总工会之基础。

（十二）各地总工会或工联会，只应有一个总工会的联合组织。如有数个相同之性质组织者，应开联席会议，归并为一，以期工会的统一。

（十三）组织是工会的骨干团结群众的唯一方式。他不是专求呆板的形式；只要求得强大工会的力量，将群众严密的团结起来，就采取何种方式的组织。故各工会须按照各地实际情形，而决定组织方法。

（十四）中国的政治环境南北不一致，在北方及长江流域各地，目前正在严重反动局势之下，工会的组织当然不能得到公开的自由；可利用各种灰色组织——俱乐部、游艺会、进德会、体育会……得到半公开的活动。但内部须采取工厂支部的组织，严密而集中的原则。

（十五）在半公开活动不可能之各地工会运动，只有厉行秘密工厂支部组织；但在每支部之下的排与团，人数宜少，以便开会，而且可以避免厂家的压迫或摧残。

（十六）在严重局势之下，秘密工厂支部均不易进行；在这种情形地方，只有在工厂中团结一般中坚分子成一中心组织，以为将来乘机发展的原动力。

（十七）国民政府下的两广，工会运动不但是能公开进行，而且得到一切的自由；故两广的工会运动，应依照工会组织的系统，正式组织工会。

（十八）广东及香港的工会组织，在最近时期已有很大的进步——工会统一运动的成功。但是站在革命工会的观点上，这种成功尚不够，只可说得到工会形式统一，尚未达到工会组织的统一。故今后广东及香港的工会运动，应由第一步进而第二步，实际统一工会组织。同一产业或一职业的，应在组织上实际合并统一起来。

（十九）会议是表现组织的精神，巩固组织的力量。在各地公开之工会，应按照各级组织，时常开会，以锻炼工会会员，成为强有力的军队。

（二十）在秘密组织的地方不易举行各种会议，只有利用各种机会举行短时会议，人数宜少，讨论问题宜简单。

（二十一）秘密地方之群众大会，当然不易召集，但遇着重要问题，开群众大会最好举行“飞行集会”，时间最多不得过五分钟以上。

（中华全国总工会中国工人运动史研究室编：《中国工会历次代表大会文献》，工人出版社，1984 年，第 108–111 页）

经济斗争最近目标与其步骤决议案*

上次决议与此次决议

（一）最近中国工人阶级经济斗争的工作，已随全国组织的扩大而同时发展了。我们现在不能不特别看重劳动生活改善的运动，因为这是实际的阶级斗争工作。讨论经济斗争的问题，要算本届大会新的重要问题之一。本会第二次大会已有对于经济斗争的决议案，其中的大部分到现在仍然是合乎实际而尚未做到的。因此本届大会特别注重经济斗争最近的目标与最近的步骤。

经济斗争的原则

（二）在原则上，我们要认定：第一，经济斗争同时就是政治的斗争；第二，须知经济斗争的运动，只是工会运动之一部分，而不是工会的全部责任和唯一的或最后的目的；第三，经济斗争的结果若成功，只是一时的解决，并不是最后的目的已达到；若失败，便是下次继续运动的经验。因为工人的完全胜利，要在工人自己取得政权以后，这是很明显的事。

* 本文原载中华全国总工会、省港罢工委员会教育宣传委员会编印的《中华全国第三次劳动大会决议案及宣言》。

资产阶级的经济进攻与工人阶级的经济斗争

（三）资产阶级对于工人阶级有一种经济的进攻，就是使工人生活更苦更坏，他们剥削更多，可以得更大的利润。这种经济的进攻与工人阶级的经济斗争，往往是相对的，就是工人越缺乏经济斗争的能力的时候，则资本家对于工人压迫更甚，往往无故减少工资，增加工作时间，或开除工人。当反动势力横行之时，资本家必然的要向工人作经济的进攻。同样的当工人组织发达之时，资本家也必然的要借经济的进攻，来摧残或打消工人的组织。资本家对于工人，无时不站在预备实行经济压迫的地位。因此，我们的工人的经济斗争，很自然的成为日常的工作。

劳动阶级的苦况

（四）现在我们中国的劳工生活状况，实在坏到极点了。我们数千百万的产业或职业劳动者受生活的困苦，损失我们的康健，摧残我们的生命。我们的工资，与生活的需要相差太远。我们的工作时间，超过劳力所能胜任的，童工和女工充满了各大工业区域。一般的劳动不特毫无保护，而且还要受种种恶劣的待遇。中国工人的苦况真是难尽描写，黑暗悲惨到了极点。

最近目标的要点

（五）因此，我们要确定最近的目标，就是要根据于现在的实际劳动状况与工会运动之需要而决定。这种目标有两个要点：第一：须有一个共同的普遍的要求；第二，须认定这种斗争目标，包含有（甲）改善生活，（乙）促进组织发展，（丙）不离政治斗争三种作用。全国工会运动既然经过一年的大发展，所以此时应有一些共同的普遍的要求，即使这些要求不能完全达到目的，而我们工人在斗争过程中既得经验，又促进团结，并得继续不断的接触于政治斗争。

主要的要求

（六）下列各点是目前全国工人主要的经济要求，亦即是最近经济斗争的目标，我们需要努力斗争的。

甲、工资——应按照各地各时生活的情形，规定最低限度的工资；凡工人劳动所得，至少要能维持所必需的生活。

乙、工时——我们要求八小时工作制度的规定，并要求一星期内必有一日的休息；且矿山窑内的工人，每天工作至多不能过六小时；火车轮船及一切生火的工人，每日工作不得超过两次，每次不得超过四小时。

丙、待遇——工会日常工作要注意反对一切的虐待，如：拳打脚踢、私刑拷打、下工的搜索、衣食住的任意干涉，以及各样的无理限制。

丁、取消包工制——包工制是资本家向工人作战的一条防线，特意使一般包工头作走狗，在经济上加倍剥削，在待遇上加倍横暴，这种制度，尤其是在产业中要赶快努力推翻的。

戊、女工童工的生活改善——最低的条件是：（一）禁止女工与不满十三岁童工从事危险与困难工作；（二）绝不准孕妇与哺乳女工作夜工及特度工作；（三）女工应有每月三日的连续休息；（四）男女工同工作工资应同；（五）绝对禁止十三岁以下者劳动；（六）须改良学徒待遇，设立免费的女工童工的教育。

步骤问题

（七）在经济斗争的步骤上，自然不能使所有要求于同时就可以达到。斗争的工具乃是有组织的工会，而且要求能够统一和集中的工会，才足使战斗得到胜利。爆发的运动虽是偶起的，却不能偶然而成功；其胜利的条件，就要看是否有好的组织。所有经济的要求，又必须使群众先有充分的了解，才能有战斗的实力。这都是经济斗争在步骤上一般的原则。此外为准备斗争，又必须先考查当时的时机，懂得利用资本家的矛盾和弱点；又必须注意预备联络同业，以厚实力，广作宣传以增援助。

斗争的指导和经验和交换

（八）大会决议，全国总工会执行委员会此后应多多指导各产业、各地工人经济斗争的实际工作，时时考查各地的情形，以规定具体步骤和策略。并必须作经济斗争的各样调查和统计（主要的是工人的生活状况与产业的情形）；又当注意各样斗争的经验和比较，以备各地的参考。各地工会，并应将各样材料向总工会报告。我们深知向资产阶级的营垒进攻，是一件繁重的责任，要积日累月很辛苦的奋斗，才能成功。经济斗争，是工人群众的日常生活，同时也是工会行动的血液；我们真正的阶级性的工会，必然的要从斗争的血泊里活动出来。

（中华全国总工会中国工人运动史研究室编：《中国工会历次代表大会文献》，工人出版社，1984年，第112–115页）

罢工战术决议案

一、罢工的意义：罢工是阶级斗争中必然发生的事实，所以不管他是政治的罢工也好，经济的罢工也好，都在阶级斗争中有重大的意义。列宁说：每一个经济的罢工，同时是政治的。就是说，每一个罢工，都有政治斗争的意义，换句话说就是，每一个罢工，都在工人阶级的解放斗争中有重大的意义。但是我们要注意在每一个经济罢工的时候一定要引导向政治的路上走，在每一个政治罢工的时候，一定要注意工人的经济的要求，因为工人阶级的解放，首先要得到政治的解放。但是工人阶级经济的要求扩大，才能增加对于政治斗争的要求、勇气和兴趣，所以必须如此才能使罢工的意义更加增大。

二、战术的重要：罢工是工人阶级反抗压迫阶级的武器的一个，并且是最严重和最紧要的，用得好的时候可以战胜敌人，用得不好的时候可以自杀。在工人初有组织没有经过罢工的时候，或经过一次罢工失败后，对于罢工遂觉得危险可怕，没有罢工的勇气。在罢工胜利后，又以为罢工是必胜的武器，而轻易罢工。这两个倾向，都是不好的。我们要知道罢工是阶级斗争中必然发生的，但是一定要有很好的战术，才能得到胜利，如果不讲战术随便乱罢，那么这种罢工，便完全没有价值了。所以我们对于罢工，不应该恐惧！也不应该随便罢工！

三、罢工的决定：在每次决定罢工的时候，对于客观的情形、主观的力量，必须有明了的观察，能判定这次罢工的趋势与结果，决不可冒昧从事。在罢工决定的时候，必须观察明白之点，有下列几项：

第一，必须明白这个时期的总策略。

第二，必须明白这时候的总现象与趋势。

第三，必须明白这时期整个的经济状况，和这一个工业，及这一个工厂、作坊的经济情形。

第四，必须明白群众的心理与要求。

第五，对于自己的势力必须有正确的估量。

第六，对于敌人的势力必须有正确的估量。

第七，对于社会的势力必须有正确的估量。

我们对于这几点能够观察明白，才能判断这一个罢工的趋势和结果。

四、罢工的准备：决定罢工以后，必须尽可能的作种种的准备。如果没有准备，便会十分慌乱，指挥的毫无头绪，群众无所适从，可以影响到这个罢工的根本上去。第一，必须有组织的准备，所以罢工以前的组织如代表大会、罢工委员会及下层的指挥者纠察队、宣传的组织如演说队、传单队、宣传队等，和秘密的组织如侦探队、交通队等，都要在罢工前计画好，尽可能的准备起来，但是应该绝对的秘密。第二，在罢工以前必须用种种煽动的口号、传单，鼓起群众的热情一致行动，同时要取得社会的同情。煽动的口号要切实，要简单，要有刺激性，要是群众要喊的，要是社会同情的。第三，提出的要求条件，要实际，要普遍，不可过高，少提反对人的条件。第四，要预备秘密的机关和组织，要准备秘密组织与公开组织的联络。以上几项，都是在罢工以前要准备好的。

五、罢工中要注意之点：到了罢工发动以后，就是到短兵相接的时候，便不要有半点犹疑不定的心事了，要极力注意进攻和自卫的策略。第一，要发动一切群众的势力，要使每一个工人都参加到战线上来，就是六七岁的童工和女工，以及工人的家属，都参加斗争，勇敢的向敌人进攻。第二，要不断的扩大我们的势力。第三，要发动一切社会同情的势力。第四，要利用一切敌人反对派的势力。第五，要压倒一切敌人的同情势力。第六，要不断的发出煽动的口号。第七，要注意宣传的普遍。第八，要注意组织的严密、集中普遍和系统。第九，要注意命令的集中一致和灵敏。第十，要注意敌人的弱点，尽可能断绝敌人的生路。第十一，要利用敌人内部的冲突。第十二，要注意自己的弱点。第十三，要注意敌人进攻策略的变化。第十四，要不断的变换方法向敌人进攻。第十五，要注意群众心理的变化，要不断的提高群众的热情。第十六，要注意工人中的帮口、秘密社会，及工资、职业等界限。第十七，要注意工头与职员。第十八，要注意安慰受伤害的战士和家属。第十九，要注意保护公开的和秘密的机关，及群众的领袖。第二十，在顺利的形势下，要尽可能的扩大罢工的范围和组织。第二十一，在失败的形势下，要注意保存自己的势力和组织。第二十二，要注意收束的机会。

六、敌人破坏罢工的方法：我们向敌人进攻，固然有种种的战术，但是敌人也可以用种种的方法，向我们进攻，所以在罢工时要时时提防敌人向我们进攻的方法。在每次罢工中，敌人必用的方法，不外下列几项：

第一，利用武力——军阀警察。第二，利用工贼。第三，利用工头职员。第四，利用工人中之帮口、秘密社会及我们的反对派。第五，恐吓的关门的政策。第六，招新工。第七，播散谣言，离散军心。

七、罢工后的工作：每一个罢工不过是斗争中的一段落，要利用所得的条件，更加集中我们的力量、扩大我们的组织，作第二次斗争的准备。所以在罢工后更要注意一切工作的进行。第一，要更加巩固、严整，扩大我们的组织。第二，要注意群众的骄傲、散乱和懒惰。第三，要注意群众的教育，尤其是政治的教育。第四，要注意敌人的反攻。第五，要注意领袖的骄傲、懒惰及其相互间的冲突。第六，要用一切帮口和秘密社会的势力。第七，要抓住一切工头和下级职员，不使他们与资本联合一块。

八、结论：每一次罢工，要有很好的战术，才能有很好的胜利，如果不讲战术随便罢工，那么这次罢工，便会要失败的，所以我们对于罢工不要恐怕，也不要轻举妄动，但是要特别注意罢工的战术。

中国第三次全国劳动大会秘书厅

（《工人之路特号》，第三百二十期，
1926年5月15日，第一版）

宣传教育问题决议案*

一年以来，民族革命的潮流十分高涨。帝国主义在这个高潮中，几乎失其控制殖民地的权力。在这个时期内，以五卅运动为革命势力的表现。国内各大城市大产业的工人，均风起云涌起来积极参加反帝国主义的民族解放运动。这样一来，便鼓舞兴奋了全国大小都市各种工业中的一般工人群众，他们都不断的继起扩大了他们的组织和宣传。一方面，在革命中认识了中国工人阶级的责任；一方面，在行动上证明他们站在民族革命中最革命的地位。这足以证明，中国工人阶级的宣传一年来已有了极普遍的发展，尤其向夺取政权的方面发展。中国工人阶级所领导的革命运动，既然激进不已，帝国主义在中国的统治便时时感受到威胁与压迫；国内军阀也有同样的感觉。至于资产阶级，既已借无产阶级的势力，向帝国主义争得他们自身利益，但同时又见到工人阶级势力增长，威胁他们自身的利益，遂中途与帝国主义及军阀妥协，共同压迫无产阶级。这样，便形成帝国主义、军阀、资产阶级间的联合战线；所以，"五卅"以后，帝国主义第一步，即从军事上、政治上，结合一个反国民军的联合战线，企图消灭接近民众的武力国民军，并进而消灭一般的革命民众势力，尤其是最革命的工人阶级。自北方国

* 本文原载中华全国总工会、省港罢工委员会教育宣传委员会编印的《中华全国第三次劳动大会决议案及宣言》。

民军失败后，直、奉军阀复兴，帝国主义及反动军阀在中国北部和中部的统治重新稳定，对于工人阶级采取了积极进攻的方略。同时，许多直接或间接受帝国主义影响的反动派，亦因之增加，一致向中国国民革命的主力军工人阶级进攻。虽然如此，但是这不过是一时的现象，我们现在所处的环境与上次大会完全不同。但中国的工会运动将因客观的需要，仍然继续发展与扩大，更加深入于工人群众中去。

所以现在客观的环境，促使我们工会的工作不能不规划一个广大的宣传。如果我们对于敌人宣传不能打倒下去，工会的一般发展将要遇到极大的困难；我们的工会，也就不容易成为一个群众的和革命的组织。故现在努力宣传教育，当更重要于组织。

根据上项观察，目前工会中的宣传教育工作亟宜整顿并扩大之，努力发展，才能保障工会的一般的进步和胜利，才能使工会变为群众的革命的组织，因此决定下列的具体办法：

（一）过去各工会宣传部的组织，多数是很稚弱的，对于宣传工作没有全盘的统一筹划，并不能切实指导下级工会的宣传教育工作，这是工会运动中最大的损失，以后亟应改进这个缺点。由全国总工会以至于各级工会，应注意强健各工会宣传部的本部组织；对于宣传教育，应当有统一计划，供给各种宣传教育的材料，并负指导工作与考核工作成绩的责任。

（二）工会宣传部应注意使宣传工作群众化，单是上层的宣传是不够的。宣传部应充分利用一切可以工作的机会，努力输入政治工作与经济斗争的教育于广泛的工人群众中去，使工会的意思，得以深入群众，建立工会组织的真实基础。否则，工人虽加入工会，而对于工会的主义和策略，及一切会员应具的常识尚不具备，这是工会的最大危机。

（三）为使工作实行群众化起见，宣传部目前第一迫切的工作，便是养成一班工会的中坚人物，于工会会员中选举最觉悟、最革命分子组织宣传教育班，讲演阶级斗争的理论及工会运动的一切实际经验，务使他们每人都能到各工会下级组织教育会员，并且到工人群众中去宣传工会的主张。这样，宣传教育工作才易于扩大与深入。

（四）遇有一个政治问题或经济问题发生，宣传部应制定一种宣传大纲，对于该问题详细解释其因果关系、工人阶级应取的态度，并决定应付的宣传策略，使群众借此了解工会的主张，而不为敌人所摇惑；即关于经常的宣传计划，亦应如此办理。宣传部为指导敏捷起见，更要随时随地搜集各项参考应用的材料。

（五）过去工会的宣传，只限于一事一时的应付，没有概括的系统的宣传，使工人知道工会运动目的的所在。全国总工会应调查各地劳动工作状况，提出一个总的要求，内容大致如下：

（1）政治的要求：言论、集会、结社及罢工之自由；（2）工人生命保障及工人医院；（3）劳动立法；（4）最低度的工资；（5）工作时间；（6）工厂卫生；（7）工人宿舍；（8）劳动保险；（9）女工的要求；（10）学徒及童工的要求；（11）团体契约等。此项要求，以总工会名义公布于社会，在工人群众中为详细明显的解释、系统的宣传。

（六）一年以来国内军阀战争的结果，一般工人生活日趋变化。总工会及各地工会应调查各地产业工人及各地方工人生活痛苦状况，有系统的公布。这种宣传，使工人阶级更容易了解阶级斗争的理论和实际。

（七）关于工会出版物，应定一个集中统一的办法。各工会宣传教育刊物，应在全国总工会指导、监督之下。编辑内容，不但文字要浅显，并宜适应工人的心理，务使普通工人明了看阅，并感觉兴趣；内容也要生动有趣，适应工人群众的需要，确能为日常斗争指导。定期刊物更应该按期出版，发行务求敏捷而周到。此等刊物，重要内容为：（1）国内外政治状况及评论；（2）国内外工会运动叙述及评论；（3）工人生活状况；（4）工友投稿等。对于不识字工人，应组织一种讲演班，专为他们讲演一切宣传材料，并征集他们的意见，在工会刊物上发表。逐日在各工厂应设法刊印简单的壁报，登载各工厂生活状况、民族革命与阶级斗争的问题的浅明文字。在必要时更应出版画报，以补文字宣传之所不及。为扩大宣传教育工作，更应随时发行编印工人教科书及各种小册子，随时发散多数传单；对于工人群众详细解释每个偶发事件，使工人明白对于该事件应取的态度。

（八）凡已有工会与尚未成立工会之工人区域，俱乐部之组织是绝对必要的。在反动势力高压下面之工会运动，尤为急务。因为有些地方工会被认为单纯经济斗争的组织，而忽略了工会其他责任。这个现象，在某一个时候使工会的组织无形涣散，是工会最大损失。为挽救起见，工会应积极举办俱乐部，从一般文化、体育、娱乐等各方面，充分发达工会的作用；如组织阅书报社、演说会、新剧团、足球队、旅行队等，均是有兴趣并且容易使群众接受宣传的事。这些工作，均应由宣传部规定计划，切实执行。俱乐部应常常举行会议，在娱乐之外，增加各种时事报告、劳动消息报告，务使普通工人——即使没有加入工会的会员，也能接受工会的宣传。

（九）在工会不能公开的地方，工人应在工会小组干事会的指挥之下，秘密进行一切的宣传教育工作。这种工作，应随时利用机会（如资本家或政府军警之压迫、革命纪念日、政治变动、他处罢工运动机会等），召集工人群众大会。此等群众会议，因在高压之下，并不必守一拘定之形式和时间。在工人上班或下班的时候，只要可能的，几十个人或几分钟会议，都可以举行。

（十）改良派或反动工会中的宣传工作中，首先是注重指出他们领袖不代表工人利益，或背叛工会的证据，使受蒙蔽的工友得以醒悟，加入革命的工会。宣传的时候，应注意使该会工人群众接受我们的主张和口号。

（中华全国总工会中国工人运动史研究室编：《中国工会历次代表大会文献》，工人出版社，1984 年，第 118–121 页）

工会运动中之女工及童工问题决议案*

因机器工业日渐进步，一般的工作并不要熟巧的技术，故妇女、儿童都能从事工作。同时，资本家因妇女、儿童柔弱，易于欺侮，工资低廉，可以剥削更多的利润，因此，成千累万的妇女、儿童，都被资本家雇用为工钱的奴隶，其生活乃日陷于悲惨的境地！

中国工人无法律的保障，资本家可以任意的加以剥削和压迫，而对于女工童工为尤甚。中国女工童工的数量极多，其生活状况异常痛苦。他们的工作时间和成年男工一样，日夜工都是延长到十二小时，甚至十二小时以上，而且大都是站立着工作，中间全无休息的时候。他们的工资都较成年男工低贱，虽做同样的工作而不能得同样的工钱。在这个物价高涨的时候，他们的工资每每不够维持极低的生活。他们工作及住宿场所毫无卫生及保险的设备，故他们的身体受极大的损害和危险。凡女工的生理、怀孕、生产、育儿及家庭关系，与童工的教育、娱乐及身体养护之需要等，资本家不但毫不顾及，而且更予以恶劣之待遇。如任意打骂，克扣工资，戏弄女工，贱役并欺侮童工及学徒等。甚至有雇用六岁未满之童工，不与学徒以工资，及延长学徒期限至六七年者。

---

* 本文原载中华全国总工会、省港罢工委员会教育宣传委员会编印的《中华全国第三次劳动大会决议案及宣言》。

女工童工的生活状况如此困苦，这不但是女工童工本身的问题，而且是工人阶级很大的危害。因女工童工之无限制的雇用，使劳动之竞争者加多，影响于工人阶级之失业者之增加。因女工童工之工资低廉，于是就影响于一般工人工资之难于随时增长。故改善女工童工之生活状况，限制雇用条件，加资减时，改善待遇，实为免除工人阶级的危害和提高工人阶级地位的方法之一。女工童工多系工人的家属，有直接的利害关系，而且她们数量甚多，在工会组织及一切斗争的行动中，均引导她们参加，提出改善她们生活的切身利益要求，乃是引导她们更勇猛的参加工会运动的途径。反之，若不注意她们的利益，引导她们奋斗，则她们有被资本家、工贼利用以破坏工会及罢工之危险。因此，不但为女工童工之本身利益言，即为全工人之利益计，工会运动中有注意女工童工的利益之必要。为她们的利益而奋斗，也即是为整个工人阶级的利益而奋斗。

关于改善女工童工生活状况的条件及办法，大会议决如下，全国各地各业工会均须切实注重执行：

（一）禁止使用女工童工作有害健康及危险之工作（如用力过度、地穴中及易于中毒的工作等）。

（二）禁止使用十三岁未满之童工。

（三）禁止使用童工及怀孕与哺乳之女工作夜工。哺乳女工应有规定哺乳时间。

（四）女工每月应有三天的连续休假；产前产后应有连续八星期之休假；均照旧领取工资。

（五）女工童工每日工作至多不得过八小时，每星期应有继续二十四小时之休息，照旧领取工资。

（六）女工童工与成年男工作同样工作者，须得同样工资。

（七）改良学徒待遇，缩短学徒年限。学徒应得工资。

（八）为童工女工设立免费的补习学校及娱乐场所。

（九）要求政府制定女工及童工保护法。

（十）工会内应设女工及童工委员会，注意改善女工及童工生活状况。

（十一）工会应提倡办理劳动童子团、女工及童工大会，以教育童工和女工。

（十二）工会应完全容许女工童工加入，享受平等的权利，并酌量减收会费。

（十三）工会向外提出要求条件时，应注意加入女工及童工利益的条件。

（中华全国总工会中国工人运动史研究室编：《中国工会历次代表大会文献》，工人出版社，1984 年，第 122–124 页）

劳动法大纲决议案*

第一条　工人有集会、结社、言论、出版的自由。

第二条　工人有罢工的自由。惟在国民政府下，可经过劳资间或主管官厅之一度调解，方始罢工。

第三条　工会应有团体契约权。

第四条　工人有加入国际组织的权利。

第五条　作工时间以八小时为原则；对于卫生有妨害之工作得缩减之。

第六条　星期日及重要纪念日休息，仍照给工资。

第七条　禁止时外的劳动。遇必要时，须得工会的允许。

第八条　工厂作工时间如果超过规定时间，须照延长时间之数，加倍付给工资。

第九条　绝对禁止不及十六岁的青年工人作不卫生及危险的工作；并禁止使用十三岁未满之童工。

第十条　女工从事重大工作者，产前产后休息八星期；轻的工作休息六星期；均应照给工资。哺乳女工应有规定之哺乳时间。

第十一条　童工女工以禁止夜工为原则。

第十二条　工资之给与，以维持工人生活为最低工资；其

---

*　本文原载一九二六年五月十三日出版的《中国第三次全国劳动大会会刊》第十一期。

不及维持工人生活之工资，政府得强制增加之。

第十三条　工资之给与，以银元为标准；并不得以物类代替及克扣。

第十四条　国家设立劳动局，研究劳动条件，并须有工会代表参加。

第十五条　国家应设立劳动保险。保险费由雇主或国库支出。

第十六条　应规定男女工人之劳动补习教育。

第十七条　制定此项劳动法时，全国总工会应有代表出席。

（中华全国总工会中国工人运动史研究室编：
《中国工会历次代表大会文献》，工人出版社，
1984 年，第 124—125 页）

失业问题决议案 *

（一）失业，是工人阶级在资本主义制度下最大的一件痛苦。资本家既在平时想尽种种方法剥削工人，又常用最后的手段将工人开除，或停闭工厂，使工人失业。工人对于失业问题，一面要从根本着想，下推翻资本制度的决心；一面也要力谋补救的方法，减少平时的痛苦，以增加战斗的实力。

（二）自工会运动兴起后，资本家忌妒工人的团结，往往借口生产品不好销售，开除一部分或多部分的工人，甚至有时全部歇业，以作抵制。又特别注意工人的领袖，想摧残努力领导工会运动的分子，开除之使与工人群众隔绝，这更是习见的事实。

（三）现在中国既受外国帝国主义的侵略，而本国的资产阶级又直接或间接与外国人勾结，齐向工人进攻。失业的现象，已渐渐成为严重的问题了。大会为谋职工运动之发展，与保障劳动生活之安全起见，特议决实行下列各种工作，以为失业问题之救济。

（四）失业的保险，是工人应有的权利，应向资本家提出这种要求。在劳动雇用契约时，更必须要提出关于失业保险的规定。工人既受雇佣，对于生产情形的好坏，只应由资本家自负

* 本文原载一九二六年五月十四日出版的《中国第三次全国劳动大会会刊》第十二期。

责任。若有失业发生，资本家应赔偿工人的损失。

（五）在劳动法内，对于失业问题应有规定，其原则与前条同。失业问题发生时，资本家应受法律的裁判。

（六）在工人自己，须以团结的力量防止失业的发生。如一旦发生，必须设法救济。在各工会里，应有救济的组织，用在业工人与向社会捐助的力量，以援助失业者。又须设立工作介绍的机关，使失业者早得工作，免陷于生活的绝境。

（七）对于因罢工或工会运动而失业者，工会应尽量设法救济。总工会此后须督促各工会注意失业问题，严厉禁止工厂无故开除工人，再从组织上（如救济会与工作介绍所）去求解决，并须力谋同业或各地的联络，防止资本家对于工人这种经济的进攻。

（中华全国总工会中国工人运动史研究室编：《中国工会历次代表大会文献》，工人出版社，1984年，第125—126页）

合作社问题决议案 *

合作社在近年来职工运动发展中，已逐渐被工人感觉着需要，而且有些地方已渐渐实现了这种组织。

合作社在我国最近的职工运动中，有四个作用：（一）在北方各地严重压迫之下之工人组织，可用合作社来公开的团结工人群众。（二）合作社可以储集一批现金和工人需要的货物。这个储集，在罢工期间可作救济罢工工人之用，和一切的斗争中所发生的临时紧急费用。（三）工人的受剥削除在工资减低外，同时因生活必需品之昂贵，使生活更见艰辛，尤其中国一般小手工业的工人，他所感觉痛苦的，是生活必需品在市场中之增高。故合作社在调融市价中，工人很感觉得需要，并且在这共同的经济关系之中，更可亲密工人之团结。（四）在合作社中，工人可学得许多管理生产和消费的知识。

由此看来，合作社已成为现在中国工人们的需要，并且已经实际在许多的地方发生了此种组织。故此次大会，不能不开始有这种决议案了。

生产合作社，适用于城市手工业工人和新式产业下部分附属的手工业者之组织；集合同职业之手工业工人，共同规划和出售生产品，但这种组织和手续须力求简单。这种组织可使不

---

*　本文原载一九二六年五月十四日出版的《中国第三次全国劳动大会会刊》第十二期。

能单独生产的手工业工人，得有联合的生产组织；可使不发生互相求出产品销售之竞争，至减低价格；可使在市场竞争中有了相当的力量和地位。

消费合作社，适用于产业底下一般工人的组织。这个组织如在工会下举办，一定须使全体之会员加入，不然，工会可因此有分裂的危险。若没有工会的组织，当可使其自然参加。

消费合作社，本有分红和廉价两种办法。不过求其简而易举，以廉价为适用于工人之组织。

消费合作社之组织，一要非常简单，货品一定要择一般工人日常需用之品。出入账目，除每月公布在合作社外，须由工会或股东来组织专门审查委员会，最好在这委员会中，除一部分的经常事务外，一部分将由社员轮流担任。

合作社还应时常向社员宣传合作社之意义，使一般社员了解合作社对于自身之关系。不然，在市场受人排挤和造谣诽谤中，也将有失败的危险。

合作社除以上所讲的要注意外，还有两件值得我们十二分注意的：

（一）经济关系，在工人组织中是最使人注意而易发生纠纷的问题。假使一为不慎，能使全局因之发生动摇。在完全经济组织的合作社，是更易使工人发生纠纷，并且实际非常容易发生些经济不清的事出来。

（二）合作社因能操纵市场，故十分易使商人妒忌，以破坏工商在反帝国主义中之联合战线；所以对商人的态度要取慎重，而货物切不能出售给非社员。

因上两种原因，合作社不是觉得在必要时，切不要轻易组织。组织后须时刻注意，不要使他稍有不幸的事件发生，尤其是经济的关系上。

（中华全国总工会中国工人运动史研究室编：《中国工会历次代表大会文献》，工人出版社，1984 年，第 126—128 页）

全国劳动大会对刘少奇同志报告中国职工运动的发展及其国民革命运动中之地位议决案

大会听了刘同志报告中国职工运动的发展之后，议决如下：

一年来中国职工运动有极大的发展，尤以五卅反帝国主义运动中，中国职工运动的潮流更为高涨，三个月内统计全国工人同盟罢工反抗帝国主义者，有五十余万人，几成全国总同盟罢工的形势，全国工人组织在工会之内者，达一百余万人，尤以上海大罢工及省港大罢工工人的艰苦奋斗精神，几为世界职工运动史上所少见。帝国主义者受五卅运动之打击，以工人运动为最利害，工人阶级在五卅运动中死伤最多，牺牲最大，主张最为急进，奋斗最能坚持，力量最为伟大，即在广东肃清反革命战争中及反奉战争中，工人阶级均能积极参加，表示其力量。五卅运动之所以能惊动全世界及为中国自有历史以来之反帝国主义运动者，即因有工人阶级的积极参加。中国职工运动的发展，即中国国民革命运动之发展，中国国民运动的发展，中国职工运动亦随之而发展。中国职工运动是中国国民革命中之主要运动，中国工人阶级是中国国民革命的领导阶级。中国工人阶级在中国革命运动中之领导地位，已从过去一年的奋斗事实中得以确定。同时，在另一方面，又可证明中国军阀是帝国主义的走狗，中国大资产阶级在革命中之妥协、调和与反动行为，中国小资产阶级对于革命之热烈要求及其犹移不定的倾向。在此种情形之下，中国工人阶级应切实联合小资产阶级，督促大资产阶级与帝国主义冲突，进行革命，方能免得孤立。过去一年的职工运动，未能与小资产阶级建立严密的共同战线，以致小资产阶级离开工人，与大资产阶级同走到一条妥协的路上，使中国革命运动受一极大之损失，所以中国工人阶级今后应严密自己的组织，扩大自己的组织，切实提携农民，联合小商人、学生及社会上一切革命民众，建立联合战线，进行中国的革命。

中国职工运动发展万岁！

提携农民与小商人、学生建立联合战线进行革命！

打倒帝国主义！

打倒军阀！

打倒资本家！

工人阶级的胜利万岁！

（《工人之路特号》，第三百一十九期，
1926 年 5 月 14 日，第一版）

关于全国总工会执行委员会工作报告的决议

大会听了刘少奇同志报告这一年来全国总工会执行委员会工作之后，决议案如下：

大会承认执行委员会这一年的工作，能够非常勇猛的遵照中国工人阶级的意志，努力领导中国工人阶级向压迫阶级奋斗，如进行统一广东、香港工会运动，发展广东各县工会组织，指导长时的反帝国主义的省港大罢工、上海大罢工，统率中国南部有组织的各工友参加国民革命。在宣传工作上亦能按照实际需要努力，对于北方各工会的关系因交通的自然阻碍，组织的指导虽未十分的密切，但在精神上已能集全国工人阶级的意志而奋斗。大会对于执行委员会这一年的工作表示满意。

第三次全国劳动大会

（《工人之路特号》，第三百一十四期，
1926年5月9日，第三版）

全国政治状况与社会状况报告的决议案

大会听取了全国政治状况与社会状况报告之后，一致决议：

（一）自第二次全国劳动代表大会到现在，是中国政治状况最剧变的一个时期，即中国革命潮流最高涨的一个时期，也就是中国反帝国主义的革命势力与帝国主义及其工具军阀搏战最剧烈的一个时期。在这一时期中，革命势力与反革命势力的消涨，我们可以分成两个阶段：自“五卅”初起至郭松龄倒戈，是革命潮流最高涨期，即革命势力进攻帝国主义及其工具军阀的时期；自郭松龄失败至现在，是革命潮流低降期，即反革命势力胜利向革命势力进攻期。现在的北方已完全被英日帝国主义的工具张吴所把持，北方的国民军正在被追击，长江流域渐归吴佩孚掌握之中，湖南的唐生智又退出长沙，并且吴佩孚还想企图进攻广州政府，所以目前正是革命势力一个最危急的关头。

（二）但是在另一方面，从这一年革命运动与政治斗争的结果，革命势力已得到巨大的发展，尤其是工农的势力。工人阶级在这一年数量上的发展已经非常之伟大，如上海和香港两地，差不多新组织了三十万以上的工人。至质量上的发展，如上海及省港工人之战斗的表现，已经证明了中国工人阶级不但是中国革命中一个伟大的力量，并且是世界革命一支有力军队。农民在这时期无论数量上与质量上都有惊人的进步，尤其是广东，现在已有八十万以上的农民组织，成了广州革命政府之唯一的基础。这个革命尤其工农的发展是表明中国的国民革命已到胜利之前一日了，这是“五卅”以来在革命运动和政治斗争的一切牺牲上所得之伟大的结果。但是同时我们须指出：因工农势力的特别发展与帝国主义的零碎让步，遂使资产阶级离开反帝国主义的联合战线而与敌人妥协，城市的小资产阶级（小商人和大部分智识分子）亦渐趋于消沉，因此工农阶级已渐成孤立之势。这是一个最危险的现象。

（三）虽然目前的政局已到了一个反动时期，虽然反动势力正在向革命势力进攻，但是反动势力的自身始终还没有稳定，自身的冲突还向前发展，即是张、吴自身的势力还在摇动期间。英、日帝国主义还不能如意指挥张吴分配北京政权，迅速建立北京的反动政府，即此也显然表示张吴间冲突之险恶。照现在的情形看出，北京绝不能建立一个稳固的政府。张、吴间的冲突是绝对地逐渐向前发展，张吴间的新战争就在眼前。在革命一方面看，广州的革命政府已经基础稳固。北方的国民第一军虽受了一个严重的打击，但还能保持相当实力。长江流域反吴的势力在各省都是始终存在。北方和长江的民众势力虽一时受了损失，其活动一时受了限制，但在暗地里还是进行。我们可以说革命的潮流还没有完全停顿，并且正在准备一个新的进攻，找新的出路。

（四）革命运动的新的出路，便是广州革命政府势力，经已发展，换言之，即广州政府北伐。所以目前我们工农阶级的任务，是巩固和扩大自己的组织，以全力拥护广州政府，扶助广州政府北伐。同时在北方帮助国民第一军保存其实力，使之能与张吴渐成对抗之势。在各地则领导一切被压迫民众，特别使城市的小资产阶级回到革命的战线上来，巩固和扩大革命的联合战线。所以我们的口号是：

革命的出路是广州政府北伐！

拥护广州政府，扶助广州政府北伐！

巩固和扩大反帝国主义的联合战线！

打倒张吴，北伐成功！

（《中国农民》，第六期、第七期合刊，1926 年，第 1–3 页）

第三次全国劳动大会国民政府现状决议案

（一）中华民族现在要解除帝国主义及其工具——军阀——之严重压迫，唯一出路，只有国民革命。要国民革命得到成功，须有一个革命的政府。现在广东的国民政府，便是代表全国一切被压迫人民对外要求独立、对内要求自由之唯一的革命政府。

（二）现在中国皆在反动政治势力之下，只有国民政府所在两广有政治自由。当今北方国民军败退，张吴重兴，帝国主义嚣张跋扈之际，人民应立即起来拥护国民政府立即出师北伐，统一中国建立全国的统一的国民政府。

（三）本大会承认国民政府过去及现在进行反帝国主义反军阀及肃清一切反革命派种种工作完全是对的，本两大会愿统率着有组织的工人群众一百一十二万，及全广东有组织的农民群众八十二万与革命国民政府共同奋斗，以打倒帝国主义、军阀、买办阶级、土豪一切反革命派。

我们高呼：

拥护国民政府！

国民革命成功！

（《政治周报》，第十二期，1926年5月，第4页）

关于上海总工会报告的决议 *

大会听了李立三同志上海总工会报告以后，有下列的意见：

1. 上海五卅运动不单是扩大了上海工人的组织，巩固了上海工会的基础，并且使全国的工人阶级都兴奋起来，有一个很大的进步；这是在中国职工运动史上有重大的意义的。

2. 五卅运动已经由事实上证明了我们工人阶级在国民革命运动中的领导地位；证明了大资产阶级的妥协性与小资产阶级的犹疑性。上海总工会在五卅运动中引导上海全体工人与帝国主义奋斗，一切策略都是非常的正确，尤其是在组织工、商、学联合战线反抗帝国主义的经验，更是全国工人阶级所应宝贵的。

3. 上海现在已完全在反动的势力之下；受压迫最为严重的，就是我们工人。我们一切组织、宣传和活动，都完全没有自由。上海总工会在此时，一方面应将各工会的组织，严密的巩固起来，尤须极力注意一切秘密的工作；一方面应极力参加全体市民反帝国主义与反军阀的争斗，作公开的活动，使国民革命的战线益加巩固；使工人阶级不致成为孤立，尤其是特别把秘密的工作与公开的活动联系起来。

4. 上海总工会应特别注意工人的日常生活与经济的奋斗，

---

* 本文原载一九二六年五月十四日出版的《中国第三次全国劳动大会会刊》第十二期。

应使他们从经济争斗中增加他们政治争斗的勇气；但同时在每次的争斗，必须在小资产阶级中作大的宣传，以取得他们的同情，使他们不致受帝国主义的宣传来发生离开工人阶级的事实。上海总工会能切实履行这种职务，则上海的工会组织，必能有更好的进行。

（中华全国总工会中国工人运动史研究室编：
《中国工会历次代表大会文献》，工人出版社，
1984 年，第 133–134 页）

劳动大会对苏兆征同志省港罢工报告决议案

大会听了中华全国总工会省港罢工委员长苏兆征同志省港罢工报告之后，因决议：

（一）五卅运动以后，省港罢工随起，各地罢工运动皆被摧残而失败，而唯省港罢工坚持将近一年之久，至今未疲。此因由于各界同胞、海外华侨以及全世界工人阶级之同情援助，而省港罢工委员会组织之完密与政策之适当也等要重大原因。大会应指出给省港罢工工友知道，你们此次奋斗中在组织方面、政策方面以及其他方面大致是好的，是对的。此次得来的经验，都应珍视之，以准备此后不断的新斗争。

（二）省港罢工至今尚未解决，完全是由于香港帝国主义之无诚意。我们工人所受的痛苦，商人所受的损失，皆是帝国主义给予的。大会应指出给全国人民知道，帝国主义仍未改其凶险横暴之旧态。我们欲得民族完全解放，只有继续进行反帝国主义运动及援助此次省港罢工的成功。

（三）省港罢工以后，香港尚有一部份工友未经返省，他们因受帝国主义与工贼谣言所欺骗，以及当时广东海口各地不稳定，所以未曾返省，其实他们反帝国主义的热情是有的。大会应指出给香港总工会知道，你们遵照第二次全国劳动大会决议案，做成香港工会的统一，成立香港总工会；其他同业性质相联合，如运输联合会、金属总工会之成立，都是对的，大会非常嘉奖，并望你们仍然继续将各业联合，同时又须努力将未返省之全数工友集中于香港总工会之下，团结一致，共同奋斗。

（四）省港罢工以后，香港帝国主义嗾使工贼组织工业维持会为破坏罢工、破坏工会统一之工具。大会应指出给香港工友知道，你们一方面应努力铲除此类工贼，同时一方面须防范帝国主义及工贼用收买离间之手段将我们团结力分散。

（五）香港为英帝国主义殖民地，对于中国工人（特别是此次罢工解决之后）必更加压迫。大会应指出给香港工友知道，你们一方面固应力争集会、结社之绝对自由权，一方面也要不忘记秘密的工会组织，上海总工会公开与秘密组织并重，可为借鉴。

大会高呼：

省港罢工胜利万岁！

中华民族解放万岁！

（《工人之路特号》，第三百一十九期，
1926年5月14日，第三版）

关于苏俄状况报告的决议

大会听到关于苏俄状况的报告以后，无限的欢慰，我们可以得到下列的教训：

第一，苏俄工人阶级革命的成功，完全是列宁主义的领导，其他民粹派社会革命党少数，都不能明白工人阶级的真正利益，因此我们知道工人阶级要得到最后的解放，只有依照列宁主义的指导去奋斗！

第二，苏俄在种种困难奋斗之后，已经巩固起来，走上社会主义的道路，并且极力援助世界的被压迫阶级及被压迫民族的革命运动，苏俄已经是世界革命的中心，世界被压迫阶级和被压迫民族应该与苏俄亲密的联合起来，完成世界的革命。

列宁主义万岁！

苏维埃俄罗斯万岁！

中华第三次全国劳动大会

（《工人之路特号》，第三百一十四期，1926 年 5 月 9 日，第三版）

出席赤色职工国际报告决议案

两大会听了出席赤色职工国际报告之后，决议如下：

（一）赤色职工国际成立以来，统一世界工会运动，澈底与帝国主义争斗，已有惊人的成绩。大会对于赤色职工国际所取的政策和方略，认为完全满意。在国际帝国主义重重压迫下之中国工人，一年来在赤色职工国际指导之下，已努力向帝国主义进攻，并且对于民族革命和世界革命，已有很大的贡献。大会誓继续竭诚拥护赤色职工国际所定的一切政策，与国际资本帝国主义作最后之决战。

（二）大会承认赤色职工国际所决定之“统一运动”政策，尤为目前世界职工运动所需要，不仅在改良派主义充满的西欧需亟完全执行，便是在亚洲职工运动中，也有很重要的意义。大会愿努力在亚洲各国澈底促进职工运动的统一，务使东方劳动者的势力，少受一次分裂，即工人阶级的解放，早一日实现。同时大会对于改良派的黄色国际领袖骗卖工人阶级分裂工会运动之所为，深为愤恨，愿揭破其假面具，而尽力推倒之。并盼望黄色国际之下的工人群众，从速脱离欺骗者之羁绊，而与真正革命的工人联合，形成反帝国主义的联合战线。

（三）工人群众是革命的主要势力，农民群众更是工人群众相依为命的友军，职工国际所指示“工农联合”之政策，确为目前中国革命工作之唯一出路，大会愿一致为“工农联合”而奋斗，为共同利益而奋斗，以达到最后的解放。

世界职工运动统一万岁！

工农联合万岁！

赤色职工国际万岁！

赤色农民国际万岁！

（《中国农民》，第六期、第七期合刊，1926 年，第 1–2 页）

第三次全国劳动大会选出的中华全国总工会执行委员、候补委员名单*

执行委员（三十五人）

林伟民　苏兆征　戴卓民　李立三　项　英　王亚璋
王　功　张佐臣　邓　培　王荷波　朱少莲　刘文松
刘尔崧　田　耀　陆　枝　原顺鸿　冯　敬　沈闰生
何耀全　袁　容　张春奇　李　森　许世光　袁祜青
卢星三　钟　山　陶卓然　袁大石　丁志华　王文石
邓中夏　黄　平　陆　沉　刘少奇
（广东兵工厂一人，名未详）

候补委员（十七人）

魏锡珍　王昌教　李光才　黄金源　冯　才　罗　珠
郭华俊　叶　樟　孙良惠　吕汉泉　伍　森　邓汉兴
黄俊学　朱宝庭　郭　亮　孙云鹏　周振声

（中华全国总工会中国工人运动史研究室编：《中国工会历次代表大会文献》，工人出版社，1984 年，第 138 页）

* 本文原载一九二六年五月十三日、十四日出版的《中国第三次全国劳动大会会刊》第十一期、第十二期。

全国劳动大会致中国共产党书

中国共产党中央执行委员会:

贵党为中国工农阶级的利益甚至为中国一切被压迫阶级的利益而奋斗、而牺牲，已经好几年了，在几年当中，我们在各方面的工作上，在各种斗争中，都证实贵党所持策略之正确，尤其感觉到贵党党员之勇敢与牺牲的精神。我们知道在近年各种壮烈斗争的过程中，尤其在“二七”与“五卅”的斗争中，贵党党员牺牲了不少的性命，如“二七”中施洋烈士与“五卅”中之刘华烈士，都是我们工人阶级公认的领袖，是为我们工人阶级的利益而牺牲的。

但是因贵党和我们许多先进革命分子奋斗与牺牲的结果，在我们工人运动和民族革命运动上都创造出了一种伟大的势力，已经使得敌人——帝国主义、军阀、买办资产阶级恐怖，因恐怖而制造许多诬蔑贵党的谣言，想藉此毁坏贵党在群众中的信用，即是离散我们革命的势力，但是在我们工人阶级和进步的革命份子看来，敌人此种卑鄙恶浊的离间手段，不惟不能使我们对贵党有所怀疑，反而增进了我们对于贵党敬信与亲爱，因为我们在各方面处处都是与贵党党员一块儿工作，我们在各种斗争中都亲眼看见贵党的策略与贵党之奋斗和牺牲的精神，因此本大会敢代表全中国一百数十万有组织的工人很勤恳地向贵党表示十二分敬信与亲爱，同时当此敌人正向我们工人阶级和一切革命势力进攻之时，希望贵党格外努力继续贵党之正确的策略与奋斗和牺牲之精神。敬祝贵党努力奋斗！中国共产党万岁！中国工人阶级解放万岁！世界工人阶级革命万岁！

第三次全国劳动大会

主席团

一九二六年五月十二日

（《工人之路特号》，第三百二十三期，

1926 年 5 月 18 日，第三版）

闭　幕　词*

李立三

此次吾国工人第三次大会，第一次代表大会不过代表二十余万人，第二次达到五十余万人，此次已增加到百万人。从这个增加来观察，我国工人运动之热烈和进步，实有无限的希望。第一次大会以后，发生了二七运动，这个运动是工人参加国民革命的先声。第二次大会以后，发生了五卅运动，这一次运动是工人领导国民革命的表现。今次大会——第三次——以后，必有更热烈之运动发生，现在可以预料的。

溯自开会至今天，已有十二天了。在这十二天当中，我们过去的经验，已集合起来。世界未来的经验，我们也预备接收起来。同时，我们对于教育问题、组织问题、失业问题以及其他种种问题，均有很好的解决。我们能依照大会议决案努力做去，定能得着很好的结果。去年之劳动大会，我们能依议决案做去，已得了不少的功效，今年更加努力去实行大会议决案，必定可以完成国民革命及打倒帝国主义。

* 本文原载一九二六年五月十四日出版的《中国第三次全国劳动大会会刊》第十二期。

全国第三次劳动大会成功万岁！

（中华全国总工会中国工人运动史研究室编：
《中国工会历次代表大会文献》，工人出版社，
1984年，第139页）

第三次全国劳动大会宣言*

全国工友们！第三次全国劳动大会于五月一日在广州集会，参加者全国六九九个团体（总会及分会），到会代表五百〇二人，共代表全国有组织的工人一，二四一，〇〇〇余人。在此大会上最重要的问题是结算“五卅”以来全国工人运动的经验和工人运动在国民革命中之地位，并规定在经济上和政治上一切斗争的策略。

全国工友们！我们这次大会是经过五卅运动后的第一次大会，便是我们工人阶级经过最猛烈的政治斗争和经济斗争后的第一次大会。我们知道，五卅运动不仅是中国民族直接反抗帝国主义的一个伟大运动，并且是中国工人阶级全体直接参加反帝国主义和领导反帝国主义运动，一个空前的斗争。在这次斗争中，我们工人虽牺牲了不少的生命，牺牲了无限的精神，受了无限的痛苦，然而在这些牺牲和痛苦的当中，在苦的奋斗当中，却得了许多苦的经验，许多宝贵的教训。第一，在事实上证明了我们工人阶级是国民革命运动中之最勇敢的先锋；第二，中国工人阶级不仅是中国国民革命运动中先锋军，并且是世界无产阶级队伍里之一支有力军队，是世界革命之一支有力军队；第三，对于帝国主义之凶恶和帝国主义与反动军阀之勾结

* 本文原载一九二六年五月十六日出版的《工人之路特号》第三百二十一期。

得到了更深一层的认识；第四，在工人阶级起而参加和领导的真正的反帝国主义运动时，大资本家因阶级利益与阶级偏见的冲突，竟不惜投降敌人，压迫工人，破坏国民革命的联合战线；第五，农民是工人反抗帝国主义和反动军阀的真正同盟者（广东农民的表现是显然的事实）；第六，在国际上真正帮助中国工人和中国国民革命的，只有苏俄和世界的工人阶级（如各国以经济援助我们罢工和示威反对中国政府等）。此外，我们在组织上增加了工人的新组织，第二次大会代表有组织的工人五四〇，〇〇〇，现在有一，二四一，〇〇〇余人，尤其学会的许多政治的和经济的斗争方法，所以大会认定这些宝贵的经验与教训，是我们将来斗争最好的武器，我们工人达到解放的指南。

现在正是英日帝国主义和其工具奉直军阀的反动势力在北方胜利了，便是从五卅运动的革命高潮，又回到反动势力横行的高潮来了；在另一方面，帝国主义又用种种甘言巧语向中国资产阶级让步，企图联合中国资产阶级共同压迫中国工人阶级，恢复他们“五卅”后所丧失的威权，破坏“五卅”后我们工人所成功的力量。全国工友们！帝国主义者此种阴谋和进攻，不但是中国革命的一般危机，并且是我们工人阶级自身的危机。我们工人应起来认识此种危机的严重。因此，我们在政治上要拥护广州国民政府北伐，肃清北方的反动势力，要求最低限度如集会、结社、言论、出版等自由权；在经济上我们要求最高限度工作时间和最低限度工资的规定。全国工友们，一致团结起来，在中华全国总工会旗帜之下，本着五卅运动以来宝贵的经验，提携着全国的农民，共同努力奋斗。我们的口号是：

拥护广州国民政府北伐，打倒一切帝国主义及其走狗奉直军阀！

打倒投降敌人破坏革命的买办资产阶级！

打倒帝国主义和买办资产阶级的走狗工贼及一切反动派！

拥护省港罢工！

全国工人大团结万岁！

全国工农同盟万岁！

全世界无产阶级联合万岁！

一九二六年五月十二日

（依照中共中央党校出版社 1989 年《中共中央文件选集》第二册订正）

文电文稿

中华全国总工会通告

（一）

全国各工会转各工友公鉴：

五月一日将近，本会成立已届一年，一年来全国工会运动之发展及其奋斗之事实，均有伟大的意义，中国工人阶级在此全世界伟大的劳动纪念节中，应将自身势力作一个总检阅，并规划以后一切争斗的方法，因此本会业由执行委员会议决特定于五月一日于广州召集中国第三次全国劳动大会，同时并改选本会执行委员会，望全国各工会派遣代表出席，本会并邀请英、俄、法、德、日本、斐律滨、印度、爪哇等国工会派代表来华参加，以谋世界工人阶级之更亲密的团结，兹将执行委员会所议决各项，通告如下：

一、各工会选派出席大会之代表，以工会会员人数为比例，凡工会有会员五百人至二千人者得派一代表，此外每增加会员二千人得加派一代表。但会员不足五百人之工会，得联合其他数工会共同选派一代表。

二、凡有全国性之产业总组合，及各地方之有统一总组合者，其代表由各该总组合会同所属之工会或分会选派之，但选派之代表应根据第一项之规定，使各工会及分会能有代表为原则。

三、凡未加入全国产业总组合及未加入地方统一组合之工会，亦得根据第一项之规定选派代表。

四、此次大会预备开会十天，议事日程如下：

（一）一年来职工运动在国民革命中之地位。

（二）国民政府现状。

（三）全国政治状况及社会状况。

（四）世界革命状况。

（五）世界职工运动。

（六）全国总工会执行委员会报告。

（七）上海总工会报告。

（八）省港罢工报告。

（九）各地报告。

（十）职工运动之总策略。

（十一）组织问题及其运用之方法。

（十二）经济斗争。

（十三）罢工的战术。

（十四）工人与农民之关系。

（十五）宣传与教育问题。

（十六）劳动法大纲。

（十七）失业问题。

（十八）合作社问题。

（十九）其他提议。

（二十）选举。

（二十一）宣言。

五、大会经费由各工会认捐，代表往返旅费由各工会自备，外省代表来粤后之宿食由本会招待。

六、此次大会极重视各工会之报告，务请各工会有详细书面之报告携到大会，各工会之报告大纲如下：

（一）工会所属工人之类别及其成分。

（二）工会之组织发展与经过及其近状。

（三）工会争斗之经过与结果——分经济的、政治的、工贼的。

（四）工会在社会上之地位。

（五）工会之宣传与教育工作。

（六）工会之经济状况。

（七）会员之生活状况。

（八）会员之名册。

（九）结论。

七、各工会对大会如有提案，请用书面交代表带来。代表务须于四月廿六日以前到广州，并携带正式代表证书，到粤后，即至惠州会馆中华全国总工会报到。

中华全国总工会启

十五，四，八

（《工人之路特号》，第二百八十五期、第二百八十六期，1926 年 4 月 9 日、10 日，第一版）

（二）

全国各工会转各工友：

五月一日是欧美工人阶级争得八小时工作制的纪念日，是全世界的劳动节，同时又是我们全世界工人阶级表示自己的力量和团结、向压迫阶级总示威的纪念日，也就是一方面检阅我们自己的力量，一方面表示从此日起我们阶级的团结更坚强、奋斗更努力的日子，故五月一日是我们工人阶级一个如何有价值的纪念日子呵！尤其是我中国的工友，处于帝国主义军阀资本家重重压迫之下，更不能不急起推翻我们的压迫阶级，以谋自身之解放。且自“五卅”以来，我们的力量表示得更伟大，同时帝国主义者之向我中国工人阶级进攻，亦随着更加厉害，因此在今年“五一”全国各地之工友较以前应有更伟大热烈之表示，并且第三次劳动大会于此日开幕，各处工人应有拥护及全国大团结之表示。我们在这一天，应全体停工一天。即因各种原因致难实现者，亦须停工一刻以示纪念，并须召集群众大会（最好联合表同情与我们之各社会团体）游行示威，并应组织宣传队及召集晚会向民众及工友宣传。

此次运动的口号：

实行三八制度，八小时工作！八小时教育！八小时休息！

工人应有集会结社言论出版罢工之自由权！

急速颁布保护工人的工会条例！

打倒帝国主义军阀和帝国主义的走狗！

援助北京被惨杀的同胞！

惩罚卖国殃民的段祺瑞！

反对残杀工人的刽子手吴佩孚、张作霖、张宗昌、李景林、孙传芳、方本仁！

拥护广东国民政府努力国民革命！

全世界无产阶级大联合！

十五，四，十

（《工人之路特号》，第二百八十七期、第二百八十八期，1926年4月11日、12日，第一版）

（三）

全国各工会转各工友公鉴：

世界最强大的帝国主义者英国资本家，已因加甚他国内无产阶级的剥削，引起了矿工、运输、铁路等二百余万工人的空前大罢工，使英国政府无法解决，法、德、意等国工人阶级又从种种事实上给英国工人以极大的帮助，英帝国的秩序和经济，都被罢工所破坏，成了严重恐慌的景象，由此可以证明世界帝国主义崩坏的时机已经到了，全世界的无产阶级应特别利用这个时机进展世界革命的爆发。

中国国民革命最大的目标是在推倒帝国主义，尤自五卅运动以来，打倒英国帝国主义的潮流，更为高涨，省港大罢工尚未解决，各地抵制英国的运动均在进行。全中国的民众应承英帝国内秩序严重破裂之下，努力援助英国的罢工工人，举行各种反帝国主义的运动。因为这种工作，是国民革命打倒帝国主义最有效力的工作，也是世界革命最有效力的工作。

中国工人阶级是中国国民革命的主力军，也是世界革命一部份的主动者，当此千载一时的机会，尤应奋勇前进，各地工会接到本会通告后，应即召集会员群众大会，宣传英国此次大罢工的经过情形（材料在报上找）与大罢工的意义和影响，并应发表宣言，致电英国工会，表示援助，同时应尽可能地联合商、学、农民各界团体举行示威运动，组织援助英国罢工工人委员会，举行募捐等以援助英国罢工。在英国产业下工作之中国工人尤其是运输业工人，应尽可能的举行同情罢工。竭力联合英属各殖民地民众努力进行民族独立运动。各地援助英国工人的捐款，可直接寄交伦敦英国矿工联合会，或寄本会转寄，虽然数目很少，亦可寄去，世界工人的联合必因此更加进步。

全国的工友们！世界革命快要爆发了，望努力奋斗。援助英国工人大罢工！打倒帝国主义！

中华全国总工会

十五，五，十六

（《工人之路特号》，第三百二十二期，1926年5月17日，第一版）

中华全国总工会邀请赤色职工国际参加中国第三次全国劳动大会电

本会决定于五月一日在广州召集全中国第三次劳动代表大会，讨论重要问题，除电请美、法、德、日本、印度、爪哇、斐律宾诸国工会派代表参加外，尤期贵会派遣重要代表来华，参加指导一切，特电邀请，无任欢迎，又致世界各国工会电，本会决定五月一日在广州召集全中国第三次劳动代表大会，为谋全世界工人阶级更亲密联合起见，欢迎贵国工会派遣代表参加指导，特电邀请。

（《工人之路特号》，第二百八十五期，
1926 年 4 月 9 日，第三版）

全国总工会致日本劳动界电

——贺劳动组合评议会开幕
——电日本劳动团体诸派代表参加“五一”劳动大会

东京日本劳动组合评议会近开成立大会，总工会特电往贺并请其派代表参加我国此次大会，电文如下：日本劳动组合评议会全国大会均鉴，谨以至诚庆贺贵大会开幕，愿所有日本劳动者诸兄弟之解放，由贵大会发端而进于健实的运动。敝国“五一”劳动大会请派代表来华参加，使中日劳动阶级之团结更趋巩固，中华全国总工会叩。日本劳动组合评议会、日本劳动总同盟会均鉴，本年五月一日敝会特在广州召集中国第三次全国劳动大会，为谋中国工人阶级与全世界工人阶级更亲密之联合起见，除邀请英、德、俄、法、印度、爪哇、菲律宾各国工会派遣代表来华参加指导外，尤欢迎贵会派代表参加，特此邀请，敬祝工安。

（《工人之路特号》，第二百八十七期，
1926年4月11日，第三版）

第三次全国劳动大会之宣传大纲

一、为甚么要召集全国劳动大会

（一）工人阶级要得到解放，唯一的武器就是团结。我们在种种奋斗的经验中，已经知道同一工厂、同一产业、同一地方的团结之重要了，因为我们曾经靠这些团结战胜了我们的敌人，取得了不少的利益。但是，同一工厂、同一产业、同一地方的团结还是不够，我们还要更进一步谋全国大团结。全国大团结了，那就我们的势力更雄厚无比了。谋全国工人阶级大团结，是召集全国劳动大会的第一个意思。

（二）工人阶级在国民革命中是最有力量的一个阶级，所以也是帝国主义、军阀、买办阶级、工贼及一切反革命派首要摧残的一个对象。工人阶级在重重压迫和包围的环境中，只有奋斗是一条生路。但是，工人阶级自己的力量究竟有多少？（譬如军队，兵额总数若干？那些部队有战斗力？那些没有？那些勉强可以一战？）我们不能不加以检阅。必要全国工会代表聚集一堂，互相报告，然后才能得到一个真确的统计，然后才能知道自己有多少力量，然后才能决定此后与敌人战斗更有效的策略。检阅全国工人阶级的力量，是召集全国劳动大会的第二个意思。

（三）工人阶级在各地特殊的政治和经济种种环境中从事斗争，一年之中得了不少的宝贵的经验，这些经验是可以互相参考、互相师法的。只有集合全国工会代表互相报告，加以审定，普告全国工友皆知，然后到应用时，不再走迂回错误的道路，更能够切实有效的进行。审查全国工人阶级所得的经验，是召集全国劳动大会的第三个意思。

（四）工人阶级的组织最怕分歧，有用产业为组织标准者，有用职业为组织标准者，有用地方观念为组织标准者，有用行会主义为组织标准者，甚至还有用劳资混合为组织标准者。各种组织如不加以厘定，内既可引起自相残杀之纠纷，安有余力以对外部之压迫（譬如军队必须统一，方便指挥，此所以广东军队废除湘滇粤赣等名目，尽改为国民革命军，而且通用三三三一制也）。统一全国工人阶级的组织，是召集全国劳动大会的第四个意思。

（五）在某种政治经济的状况中，适用某种的策略，譬如在前年北京政变之后，曹吴已倒，帝国主义势力摇动，我们应取如何策略？在今年北方国民军失败之后，奉直重兴，日英帝国主义暂时联合，我们又应取如何策略？不论关于政治斗争的或经济斗争的，各种策略必须规定，方可使全国一致行动，我们才可从困苦危险中杀出一条血路来。确定全国工人阶级的策略，是召集全国劳动大会的第五个意思。

（六）敌人方面，不仅帝国主义、军阀、买办阶级由外方对我们加以重大之压迫，而且指使工贼从我们营垒内施以猛烈之破坏，或混乱我们的组织，或捣乱我们的会所，或胁击我们的领袖，或毁谤帮助我们的政党，诸如此类，难以指数。只有靠全国的力量，指示出来，镇压并铲除之。肃清全国的工贼，是召集全国劳动大会的第六个意思。

二、第三次劳动大会的特殊意义

（一）工人阶级是国民革命的领袖，去年第二次劳动大会有此确定，然亦仅有理论的确定，还没有事实的证实。在此一年中，“刘杨战争”、五卅运动、“省港罢工”、“反奉战争”，工人阶级无不为其中心势力，居在领导地位，这是以前所没有的。

（二）去年第二次劳动大会有组织的工人群众为数五十四万，各地方统一的组织尚少。在此一年中，上海有组织的工人增加到廿余万，天津增加到八万，河南增加到二万，北京增加到一万，山东增加到二万，而且均有统一的总工会，特别以上海总工会成绩为最佳，湖南湖北亦略有进步，广州有工人代表大会之开成，香港有香港总工会之成立，都走上统一的道路，广东各县工会亦复风起云涌。统计现在有组织的工人，至少在八十万以上。组织的扩大与统一，这是以前所没有的。

（三）去年劳动大会以前，工人阶级战斗能力尚微，一经打击，便不能复振，如“二七”失败之后，消沉至于两年。在此一年中，工人阶级再激再厉，屡蹶屡兴，上海总工会之封而复启，省港罢工之十月坚持，是其大者；又如上海有顾正红、刘华之被杀，青岛有李慰农之被杀，安源有黄敬源之被杀，正太有高克谦之被杀，以及被捕下狱、被开除失业，不下千余人。然而我工人阶级决不因被杀被捕被开除而稍挫其气，益激厉其精神，神明其战术，继续与敌人作血肉相搏之奋斗。工人势力压而愈厉，这又是以前有所没的。

（四）去年第二次劳动大会以前，世界工人尚未十分注意中国职工运动。自五卅运动起，震动了全世界，各国工人阶级无不表深厚之同情与剧烈之援助。此次大会，赤色职工国际（即万国总工会）及俄、英、法、德、日本各国工会有派代表来华之确讯，同时并邀请爪哇、印度、菲利滨各地工会派人到来。全世界工人谋更亲密的携手与联合，这亦是从前所没有的。

（五）唯其有上述各种原因，工人阶级在此一年革命运动中表现了空前未有的伟大势力，于是更引起了帝国主义及其走狗之意外恐慌与刻骨嫉忌，乃决心联合向我们工人阶级加以猛烈的攻击与压迫，如英国六十万镑的宣传费、派遣头等侦探驻沪、声称十万大兵进攻中国；各帝国主义及其走狗组织什么“护宪会”、“反赤大同盟”，以及日英一手做成奉直联合，逼走国民军，重造反动政局，最后压迫广东，无一不是表示积极的向我们猛烈进攻。我们为应付此种猛烈进攻，应在此次大会有更新的总策略之确定。五卅运动开了中国国民革命的一个新时期，革命潮流当由此继续扩大而高涨。工人阶级应提携各阶级革命民众一致向前猛烈反攻，以与帝国主义、军阀、买办阶级、工贼及一切反革命派作殊死战，这又是从前所没有的。

三、在此次大会上要得到些什么

全国劳动大会是集合全国有组织的劳动团体的代表，报告各地劳动运动的经验和情形，指出过去的缺点，从经验中及新的环境中，共同决定全国统一的政策，以统一全国工人谋解放之战斗方针和组织，以及共同解决一切之困难问题。

第三次劳动大会的议事日程于下：一、一年来职工运动在国民革命中之地位；二、国民政府现状；三、全国政治状况与社会状况；四、世界革命状况；五、世界职工运动；六、全国总工会执行委员会报告；七、上海总工会报告；八、省港罢工报告；九、各地报告；十、职工运动之总策略；十一、组织问题及其运用之方法；十二、经济斗争；十三、罢工的战术；十四、工人与农民之关系；十五、宣传与教育问题；十六、劳动法大纲；十七、失业问题；十八、合作社问题；十九、其他提议；二十、选举；廿一、宣言。全国工友们！第三次全国劳动大会是为我们工人阶级谋利益谋幸福谋解放的大会，我们应在开幕这一天（五月一日），在各地方或工厂附近联合的或单独的斟酌情形，举行伟大的热烈的庆祝大会，一致打电报到广州庆贺。我们高呼：一、拥护第三次全国劳动大会；二、全国工人阶级大团结；三、工会是我们的炮台；四、中华全国总工会是我们的大炮台；五、全国工人在中华全国总工会之下团结起来；六、继续五卅运动的精神；七、打倒帝国主义、军阀、买办阶级及一切反革命派；八、反对奉直日英联合；九、拥护广东国民政府；十、援助北方国民军；十一、废除不平等条约，开国民会议；十二、全国人民起来夺取政权，建立全国统一的国民政府；十三、实行八小时工作制；十四、工人应有组织工会自由权；十五、欢迎赤色职工国际代表和各国工会代表来华；十六、拥护省港罢工；十七、全国工农兵商学大联合；十八、全世界无产阶级大联合；十九、国民革命成功万岁；二十、世界革命成功万岁。

（广州《民国日报》，1926年4月15日、16日，第十版）

中华全国总工会启事

全国各工会转各工友公鉴：

本会定于"五一"劳动节召开第三次全国劳动大会，所有各项手续业已通告在案，本月十六日劳动大会筹备委员会议对于本会代表选派法，为免除困难计，略为修改如下，各工会选派出席大会之代表以工会会员人数为比例，凡工会有会员五百人至二千人者得派一代表，以外每增加会员二千人得加派一代表，在五百人以下之工会可联合数工会选派一代表，但发生困难时，该工会可每工会选一代表同时出席大会，但该数代表只有一个表决权，特此通告，即祈注意。

中华全国总工会

十五，四，十七

（《工人之路特号》，第二百九十五期、第二百九十六期，1926年4月19日、20日，第一版）

中华全国总工会致广州工人书

广州工人代表大会执行委员会、广东总工会、机器工会并转各工会及全体工友公鉴：

此次全国劳动大会，集全国工会代表于一堂，讨论一切关于我工人阶级本身，及参加国民革命诸大问题，其意义之重要，迥异寻常。当此帝国主义与奉、直军阀联合进攻，而北方反动政局正开始之际，全国人民尤应一致团结打破此眼前险恶环境，才能得到一条出路。我工人阶级为国民革命中之重要元素，在此世界工人“五一”大节，吾人正应实行大检阅，集中力量并联合各阶级被压迫民众，一致向我们敌人反攻。我们在此大会上要拥护国民政府，促其克日出师北伐，统一中国，建立全国统一的国民政府。此等责任，何其重大！故我们工人阶级均应积极参加此次大会，然后使此种目的得达。现在北方及长江一带工会代表陆续抵粤，务望贵工会等立即选派代表，参加大会，共同奋斗。盖此次大会不论在任何方面——阶级的、民族的各种利益着想，全国工会均有参加之必要，想为贵会诸工友所深切了解者也，并祝努力奋斗。

中华全国总工会启，四月廿七日

（《工人之路特号》，第三百零四期，1925年4月29日，第三版）

中华全国总工会通告香港广东各工会

广东、香港各工会转各工友公鉴：

全世界劳动纪念节五月一日已到了，中国第三次全国劳动大会将行开幕，所有此次大会之意义及重要与参加大会之手续均已通告各工会在案。现在世界帝国主义向中国进攻，并未一刻停止，而且已经援助他们的工具奉、直军阀，重新统治了北方，中国政治上的反动局面又已开始。英国帝国主义与中国奉、直军阀，将预备向中国革命势力进攻，将要合力攻打广东的国民政府，压落中国的革命运动，我们工人阶级尤为其首要摧残之对象。当此危急之秋，凡我全国各工会，不论其平日主张如何，均应一致联合，以图自救，合力奋斗，方能抵抗帝国主义与军阀之反攻。

第三次劳动大会聚集全国工人领袖，当此世界劳动节举行开幕，将检阅全国工人阶级的力量，确定今后职工运动应取之方针，商同应付帝国主义、军阀联合进攻之策略，考其责任与意义，是何等重大！凡我全国工人，如想与帝国主义军阀谋对抗，应如何热烈参加，图全国工人之一致团结。现在北方各省代表，在军阀、帝国主义严重压迫之下，尚能不惧危险，不远千里，陆续来到广州，况我广州、香港各工会在革命政府之下，能有一切自由，那容丝毫放弃，不即前来报到参加呢？

工友们！劳动大会在广州开会，在你们家门前开会，这个机会是不容易得到的呀！望各工会即日举行大会选派代表，赶快来本会报到，一致参加此次大会。预备拥护国民政府！努力国民革命！打倒军阀！打倒帝国主义！

中华全国总工会□，四月廿八日

（《工人之路特号》，第三百零五期，1926年4月29日，第一版）

第三次全国劳动大会开幕通电

各报馆转全国各界男女同胞公鉴：

中国第三次全国劳动大会本日与广东第二次全省农民代表大会在广州同时开幕，共到工人代表四百余人，代表有组织的工人群众一百一十余万；农民代表二百五十余人，代表有组织的农民群众八十余万；有英、俄、法、德、美、日诸国工会代表及广东军、政、商、学各界代表参加。会场空气，异常热烈！一致认定，现在中国一切人民所受之痛苦，系由帝国主义侵略之结果。工农群众为要解除自己的压迫，惟有联合学生、商人及一切革命民众，实行打倒帝国主义及其工具——国内军阀。大会并认定全世界的工农群众与被压迫民族，都是打倒帝国主义的先锋队，中国工农群众及各国被压迫民众应与之密切结合。中国一切反革命派、买办阶级、军阀、官僚、土豪劣绅、工贼等，都是解放运动中之障碍物，我们应联合铲除之。中国第三次劳动大会及广东第二次农民大会，是继续五卅运动的精神，号召全中国的工农群众及一切被压迫民众向世界上的压迫者恶魔夺回自己应有的权利。望全国的工人、农人及一切被压迫的民众一致团结兴起，向前奋斗！争得中华民族的解放与自由，不达目的不休。中国第三次劳动大会叩束。

中国第三次劳动大会叩

（《工人之路特号》，第三百零七期，

1926年5月1日，第一版）

“五一”国际劳动节告工友书 *

亲爱的工友们：

今天是“五一”节。在今天这一天，我们全世界工人阶级，皆起来示威游行，表示我们的力量，表示我们奋斗的决心，对压迫阶级——帝国主义、资本家，宣誓决战。

我们的目的，是要求我们要从压迫底下解放出来。我们是人类中主要的生产者，我们要过人的生活，我们不容许那寄生虫压迫我们的阶级。

我们表示我们都是一致的，只要是我们无产阶级，我们工人，被压迫者，我们都是亲爱的兄弟。强横的帝国主义者、军阀、资本家，都是我们的仇敌，我们一致向他们进攻。

亲爱的工友们啊！尤其是在我们中国的工友，是处于世界帝国主义重重压迫之下，及其走狗军阀、买办阶级的鱼肉摧残之下，以致我们所受的压迫更厉害，我们的生活更痛苦。

我们来数一数我们的苦处吧！在工厂里工作的工友们，受尽了厂主无理的苛待；工作太苦，工资又低，只要一点稍不如意，就要被打或骂，或罚工资，或开除工作，那里还有一点道理可讲？尤其是在帝国主义者工厂作工的工人，他们更不把我们当人，他们亲口讲过，把我们看做与他的狗一样；我们真不

---

* 本文原载一九二六年五月一日出版的《中国第三次全国劳动大会会刊》第一期。

知受过他们的几多贱视和侮辱。不止于此，自帝国主义者霸占了我中国的海关、铁路、矿山和各地租界，他们在中国设立许多银行，中国的经济、关税、交通权，完全握于他们手中。如是中国商业失败，中国的工厂闭倒，以至剩下千千万万的工人失业，求一糊口的苦工作，都不可得。他们操纵了商场，以致百物昂贵，我们的生活更为困难。他们挑拨中国的内乱，使我们更不能安生。

亲爱的工友们啊！我们在这种压迫之下，我们除团结起我们亲爱的兄弟，我们向他们猛烈作战以求解放外，再没有第二条路了！

帝国主义早看清了这一层，他们尽量摧残我们工人的组织，他们尽量压迫工人的运动，他们除了自己直接摧残外，他们还指使他的走狗——张作霖、吴佩孚、孙传芳以及陈炯明等，压迫破坏我们的组织和运动。就是在广东，因为国民政府帮助我们工人来反对帝国主义，他们帝国主义者纵然不能用政治势力压迫我们，但他们也用尽不少的阴谋诡计来破坏我们的组织和运动。在过去的一年以来，也可以预计在今天以后，压迫定更加凶横利害。

亲爱的工友们！我们早已明白，我们除掉团结我们亲爱的兄弟，会同全国的被压迫者，会同全世界的被压迫者，将这凶横的帝国主义及其走狗铲除，我们永不能求到解脱啊！我们在今天应向帝国主义及其走狗宣誓，不怕你们预备着更凶横的压迫，总之要与你们作不断的进攻。

我们的第三次全国劳动大会在今天开幕了。我们全国的劳动代表，将过去血汗中的经验作一个总检查，并预备确定将来战略：“再接再厉”的进攻。亲爱的工友们！大家预备着，我们在今日，我们宣誓，我们高呼：

全国的工人阶级联合起来！

全国的被压迫民众联合起来！

全世界被压迫民众联合起来！

打倒帝国主义及其走狗！

踏着“二七”、“五卅”的血迹前进！

第三次全国劳动大会万岁！

中华全国总工会万岁！

拥护国民政府！

（中华全国总工会中国工人运动史研究室编：《中国工会历次代表大会文献》，工人出版社，1984 年，第 143–144 页）

“五一”国际劳动节告农友书*

亲爱的农友们：

今天是我们全世界无产阶级团结起来，对压迫阶级示威的日子，也是广东第二次全省农民代表大会、中国第三次全国劳动大会联合开幕的一天。在这一天，我们真不知要如何表示我们在革命战线上亲密的结合啊！

亲爱的农友们！我们在压迫方面，是处于同样的被压迫地位啊！帝国主义和军阀给与我们生活上的贫困和不安，对于我们的贱视和侮辱，都是一样的啊！你们因了战争而流离死亡，我们也是一样的失业流离；你们因了溃兵土匪抢掠，我们也是一样的受了溃兵土匪的摧残；你们受了贪官污吏的虐害，我们同样的受了贪官警察的虐害；你们因物价贵而生活艰难，我们也因百物昂贵而贫困；你们因农产物价低落而痛苦，我们也因工资低落而痛苦；你们受地主劣绅的摧残，我们也受厂主的剥削压迫。追根索源，我们大家的痛害，都是受帝国主义及其走狗军阀等所赐的啊！我们的敌人是共同的。我们为我们的战斗更有力量，我们只有亲密坚强的团结，共同打倒帝国主义和军阀啊！亲爱的农友们！

帝国主义和军阀早已明白了这一层。我们看一看，近年以

* 本文原载一九二六年五月一日出版的《中国第三次全国劳动大会会刊》第一期。

来帝国主义和军阀施及我们的摧残和压迫，无论是工人的组织、是农民的组织，工人运动和农民运动，都是同样的惨杀和破坏压迫。在这种种上面，更可看出我们有亲密团结的必要啊！

压迫阶级向我们进攻压迫，更一天一天的厉害了，我们赶紧的在今天全世界无产阶级表示大团结的一天，快紧结着更亲密的坚强的团结啊！我们共同高呼着：

工农联合万岁！

全国被压迫民众大联合万岁！

打倒帝国主义和军阀！

肃清流氓、土匪、贪官污吏！

增加工资！

减少地租！

国民革命成功万岁！

（中华全国总工会中国工人运动史研究室编：《中国工会历次代表大会文献》，工人出版社，1984 年，第 145–146 页）

第三次全国劳动大会致全世界工人书

全世界的工友们!

中国第三次全国劳动大会于一九二六年“五一”节在广州轰轰烈烈的开幕了，到会代表四百余人，代表有组织的工人一百一十余万，并有国民革命政府、中国国民党中央党部、赤色职工国际、中国共产党、中国共产主义青年团、广东省农民协会等代表参加大会。对于为职工运动死难的战士，静默五分钟，表示我们的哀痛，并庆祝全世界为无产阶级正在奋斗的同志或因奋斗而致被捕下狱的同志，早日得到健康和自由!

自从第二次大会到现在已经一年了，在这一年中，中国职工运动的发展实为空前所未有。五卅血案发生后，中国工人阶级领导革命的群众，蓬蓬勃勃的与国际帝国主义奋斗，大会对于这点，认为非常满意。

那些压迫和剥削你们的强盗，在中国也用残杀和阴谋的手段，来荼毒我们，谋得他们的利益——他们用不平等条约来压制世界上四分之一的人口，这些条约是用武力威吓强迫中国的卖国政府签字的。有了这种不平等条约，他们在中国境内驻扎军队，在中国河道行驶战舰，随时随地都准备残杀革命的群众。他们在北京唆使他们的走狗设立假政府，来反抗广州革命的国民政府，并且利用他们的走狗军阀互相争权夺利，致连年战争不息，民不聊生。他们藉口保护侨民，说在中国驻扎军队是必要的，同时又说不平等条约是不能取消的。若果群众起来反抗，他们是利用军阀、战舰、枪炮做他们的刽子手，摧残中国人民，去年上海的五卅惨案、六月廿三的沙基惨案、北京最近的三月十八日惨案，以及其他相继不绝的惨杀，都是明证。大会希望世界的工人禁止本国的政府在中国这种惨无人道的残暴行为！

帝国主义者正在组织联合战线反攻无产阶级苏维埃大联合及全世界无产阶级以及一切弱小民族。同时他们在中国设法避免他们自己之间的冲突，联合一切反动的势力向正在发展的革命势力摧残，特别是以广州国民政府、省港罢工做他们摧残的目标。大会希望全世界的工人和工会一致起来拥护中国反帝国主义的运动，特别是奋斗十一个月的省港罢工。

大会深致同情于西方的工人目前正在艰难的奋斗、反对资产阶级减薪加时的运动。帝国主义者用政府调停的手段欺骗工人，譬如现在英国煤矿工人，又如欧洲海员罢工以及英国矿工罢工。帝国主义者用武力公开惨杀，但我们世界工人缺乏一致的行动——大会深以为憾，并恳求你们从速统一世界工会运动，统一不能成功，徒为帝国主义所利用，如反对这个统一，就是卖了我们工人阶级。

世界工会运动统一万岁！

世界革命成功万岁！

全世界工人与东方被压迫的民族联合起来！

中国第三次全国劳动大会叩

（《工人之路特号》，第三百零八期，
1926 年 5 月 3 日，第一版）

致全国电

各报馆转全国各男女同胞公鉴：中国第三次全国劳动大会本日与广州第二次全省农民代表大会在广州同时开幕，共到工人代表四百余人，代表有组织的工人群众一百一十万余；农民代表二百五十余人，代表有组织的农民群众八十余万。有英、俄、法、德、美、日诸国工会代表及广东军政商学各界代表参加，会场空气异常热烈，一致认定现在中国一切人民所受之痛苦，系由帝国主义侵略之结果，工农群众为要解除自己的压迫，惟有联合学生、商人及一切革命民众，实行打倒帝国主义及其工具——国内军阀。大会并认定全世界的工农群众与被压迫民族，都是打倒帝国主义的先锋队，中国工农群众及全国被压迫民众应与之密切结合，中国一切反革命派、革命派、买办阶级、军阀、官僚、土豪劣绅、工贼等都是解放运动中之障碍物。我们应拼命铲除之。中国第三次劳动大会及广东第三次农民大会是继续五卅运动的精神，号召全中国的工农群众及一切被压迫民众向世界上的压迫者恶魔夺回自己应有的权利，望全国的工人农人及一切被压迫的民众一致团结兴起、向前奋斗，争得中华民族的解放与自由，不达目的不休。中国第三次劳动大会叩。

（广州《民国日报》，1926年5月3日，第三版）

中国共产主义青年团祝词*

第三次全国劳动大会代表诸君：

全世界工人阶级定期联合示威的日子——“五一”来临，诸君代表全中国百十万有组织能奋斗的工友群众，在革命势力日加巩固和发展的广州市举行负有伟大使命的第三次全国劳动大会。本团中央代表全体团员，对兹盛典，竭诚敬祝贵大会胜利成功！

第一次和第二次全国劳动大会以后，都引起了全国劳动运动汹涌澎湃的高潮，虽经“二七”的屠杀，不但没有阻碍运动的发展，反因此而促进民族革命运动的深入群众，至去年“五卅”爆发空前未有的全国反帝国主义的大革命运动，工人阶级实为此运动中之主力和领导者，从此可以看出全国劳动大会的伟大功能和所负的历史使命！目前中国正是一切反动势力进攻、全国劳动运动极被压迫的时候，全国劳动大会之举行，审查过去得失利败之经验，决定此后攻守战斗的策略，实为环境最迫切的要求。本团中央希望诸君注意讨论各种重要问题，务求获得圆满的结果！

打倒帝国主义及军阀！

全中国工人团结万岁！

---

* 本文原载一九二六年五月三日出版的《中国第三次全国劳动大会会刊》第二期。

全世界工人与被压迫民族联合万岁！

中国革命万岁！

世界革命万岁！

中国共产主义青年团中央执行委员会

（中华全国总工会中国工人运动史研究室编：《中国工会历次代表大会文献》，工人出版社，1984年，第51页）

中国国民党中央党部致第三次全国劳动大会祝词

中国第三次全国劳动大会：

本党向以拥护工农利益为职志，兹当贵会开幕□□□谨致其诚意与希望于贵会之前。中国现时纷乱之局，实为帝国主义者及其工具军阀所造成，而尤以工人群众所受之痛苦为最迫切。帝国主义者及其军阀一日不倒，即国民革命永无成功之希望，而民族解放永无实现之可能。本党于此深望贵会集合全中国革命先锋工人之力量，一致团结于国民革命旂帜之下，努力于反帝国主义及工具军阀之运动，以完成国民革命之使命，而达民族解放之目的。谨祝国民革命成功万岁！世界革命成功万岁！中国第三次全国劳动大会万岁！

中国国民党中央执行委员会谨祝

（广州《民国日报》，1926 年 5 月 3 日，第三版）

为“五四”纪念告全国民众书*

从“五四”到现在，中国的革命运动有了很大的发展。七年前的今日，因受帝国主义的压迫，久经酝酿的革命运动，由革命的学生领导爆发于北京，影响及于全国民众，在民族运动史上实占有极重要的位置。自从五四运动后，学生的革命认识日益明显。中国的革命高潮，奔腾澎湃，日渐高涨；更因反动势力之高压，不久便有了“二七”光荣的奋斗。最革命的中国工人阶级在这一次争斗中奋臂呼号，前仆后继，与中国人民的敌人宣战，而革命的学生亦为此运动中积极参加作战之一队。自后在历次打倒帝国主义、打倒军阀的奋斗中，工人与学生联合作战之事实愈多，而帝国主义与军阀之心胆愈碎。革命潮流发展极高之五卅运动，即工人与学生联合奋斗之积极表现。在“五卅”反帝国主义怒潮中，中国劳动阶级已经充分表现出他的努力和牺牲；使人们更相信工人群众在中国民族革命运动中占有很重要的地位。同时在这次争斗中，学生群众的努力奋斗，始终与工人站在联合战线而不稍退避，足以使帝国主义者及其工具为之发抖！我们在革命发端“五四”纪念的今日，回顾我们革命奋斗的过程中，我们觉着自己的责任，更加重大。现在国际帝国主义正联合布置向中国革命势力进攻，他们已严重打

* 本文原载一九二六年五月四日出版的《中国第三次全国劳动大会会刊》第三期。

击北方的国民军，使北方变成极黑暗的世界。北方民众所受的痛苦和摧残，更是述不胜述，而南方国民政府更是他们阴谋暗袭击的目标。在这种严重的情形之下，我们不单是要求革命的学生继续扩大“五四”的奋斗，尤其是需要全国革命的联合战线。只有这个联合战线才能巩固我们已具的革命势力，扩大我们反帝国主义的工作。本会代表全国有组织的百余万劳动群众，愿竭诚拥护国民革命政府，而与帝国主义周旋。更盼望全国工、农、兵、学、商各界大联合，努力攻破世界资本帝国主义者所加于中国的联合战线。这才是我们今年纪念“五四”的真正意义！

（中华全国总工会中国工人运动史研究室编：《中国工会历次代表大会文献》，工人出版社，1984 年，第 146—147 页）

慰问省港罢工工友书

省港罢工全体的工友们：

你们站在反帝国主义的前线，为争民族的自由和独立，罢工经已十阅余月了。全国的反帝国主义运动，都直接间接地给帝国主义的压迫破坏，而你们独能在革命的国民政府下，坚固自己的营垒，运用战斗的策略，与帝国主义作长期的斗争，这非但开中国职工运动史上，对帝国主义者未有之大奋斗，而且实际上已激起世界革命的高潮，给资本帝国主义一个重大的打击。在这十阅余月奋斗中，你们艰难苦战，忍耐着自己的饥寒，顾不得父母妻子，然而你们竟能战胜一切，继续奋斗。你们把自己阶级严密统一地组织起来，你们结合农民的同盟军，你们结成工商联合的战线，并且实际上帮助商民得到许多利益，使工商联合战线愈加巩固，你们联合青年学生、革命军人及一切被压迫民众，结成反帝国主义的坚实战线。你们用这种力量，给帝国主义尤其是英帝国主义以经济上绝大的打击，使香港成为荒岛。你们更用这种力量，帮助国民政府肃清东江南路，帮助国民政府进行开港筑路各种的建设事业，使由广东的统一，进而统一两广而至湖南；使由财政的统一，而进于经济的独立的发展。帝国主义者虽不断地进行破坏你们的罢工和坚强的战线，而在你们灵敏而正确的应付上，给了帝国主义不断的失败，使他们不得不卑屈求和。这些都是你们过去十阅余月中所得到的胜利。这个胜利，也就是我们全国工人和全国被压迫民众的胜利。亲爱的工友们！你们已为中国民族争回了不少光荣，你们已为广东民众造了不少的福利，你们尤能巩固这全国民众所仰望的国民政府，为全民族利益奋斗而牺牲。本大会聚集全国工农代表开第三次全国劳动大会及广东全省农民大会于广州，对于你们奋斗决战的精神，深为钦敬！对于你们过去所得到的成功，深为满意！大会谨代表全国一百一十余万有组织的工友，及八十余万有组织的农友，特为此致其亲挚之慰问，并用十二分的诚恳，希望罢工全体工友，继续奋斗！帝国主义末日快要到了，工友们！一齐努力呀！

严密和统一工人阶级组织！

巩固反帝国主义战线！

拥护国民政府出师北伐！

打倒帝国主义！

打倒军阀及一切反革命派！

罢工胜利万岁！

中国第三次全国劳动大会

广东第二次农民代表大会

（《工人之路特号》，第三百零九期，

1926 年 5 月 4 日，第一版）

致英国工联会电

伦敦英国工联会鉴，省港罢工，一年不决，望予援助，并督促英政府从速承认工人条件解决罢工，全中国第三次劳动大会叩。

（《工人之路特号》，第三百一十二期，
1926年5月7日，第一版）

援助英国矿工罢工电

伦敦英国矿工联会鉴，诸君反对矿主减薪加时，同盟罢工，足证资产阶级已无法维持其剥削地位，本大会特向诸君表示深厚之同情，并愿作可能之援助，祝诸君努力奋斗！全中国第三次劳动大会叩。

（《工人之路特号》，第三百一十二期，
1926 年 5 月 7 日，第一版）

为促进北伐向国民政府请愿书*

为请愿北伐事。窃自五卅惨案发生，我全国工人阶级为求中华民族之解放，举行总同盟罢工，参加反帝国主义运动。一年以来，成效卓著。不料帝国主义者竟利用其工具奉系军阀，到处残杀工人，封闭工会，压迫民众运动，监禁各界领袖，种种残酷行为，无所不用其极；以致五卅反帝国主义运动，无由得到胜利。奉系军阀各种卖国行为，久为全国人民所痛恨，而我工人阶级更知欲使反帝国主义运动得到胜利，非打倒国内军阀不可。如是反奉战争因之而起；当此之时，英、日帝国主义者复进兵满洲，并促成张、吴两大军阀之联合，共同攻打接近民众之武力国民军。自国民军在北方退却以后，北方各省重入反动军阀张、吴之手。全国工人阶级除国民政府势力所及之地外，均在军阀残酷压迫之下，所有工人团体概被封闭，各种自由均被剥夺。工人领袖之被惨杀者，有刘华、黄静源、李慰农、高克谦诸人；被监禁于军阀、帝国主义者之囚狱者数百人；被通缉逃亡者千余人；被开除失业者万余人；受伤残废不复能工作者百数十人。我中国工人阶级为中国民族解放及自身生活改良，而竟遭如此之惨杀与牺牲，是而可忍，尚何生为？不独工人阶级如此，即全国农民、商人、学生以及各界民众，无不在

* 本文原载一九二六年五月八日出版的《中国第三次全国劳动大会会刊》第六期。

张、吴两大军阀之拉夫、搜索、查办、苛税种种敲诈压迫之下。现我中国工人阶级及一切被压迫民众之唯一出路，即在积极参加国民革命以与军阀、帝国主义者作殊死之斗争，根本打倒帝国主义及军阀，方能保证我被压迫民众之生存。钧府为中国国民革命之中心，代表一切被压迫民众利益而奋斗，为我全国工人阶级久所爱护。敝大会谨代表全国工人阶级向钧府表示最亲挚之同情与拥护，特此前来请愿，出师北伐，打倒一切军阀，肃清一切反革命派。拯我人民于水火，解我领袖于囚狱。为工人复仇，为民众伐罪。敝大会全体代表当领率全国工人一致参加，以为钧府后盾。谨此上书请愿，务祈采纳施行，无任盼祷。

此上

中华民国国民政府

（中华全国总工会中国工人运动史研究室编：《中国工会历次代表大会文献》，工人出版社，1984 年，第 147-148 页）

告广东总工会及中国机器总工会的工友们*

资本帝国主义及其工具——军阀、买办阶级的剥削和压迫，已促进了我们工人阶级的觉悟和团结。我们为团结全国工人的势力和统一全国工人的组织，以是于去年“五一”纪念节举行第二次全国劳动大会于广州，成立我们的大本营——中华全国总工会。

自从去年第二次全国劳动大会而至今年第三次全国劳动大会，这一年中间，我全国工人阶级的力量已渐渐集中起来了。我们用这种集中的势力去参加中国革命的斗争，我们与帝国主义战，与军阀及一切帝国主义走狗反革命派战；尤其是在五卅运动中，我们工人阶级站在反帝国主义的最前线，即现在省港罢工的工友仍然继续奋斗着，这是我们工人阶级在中国革命史上最光荣的一页。

我们在这一年斗争中，已经得到了不少的经验。我们为了总结一年来各地工友奋斗的经验，为了整顿和统一我们本身的组织，为了教育和训练我们自己，尤其是摆在我们面前的是今后奋斗的策略和战术，为了这，所以我们要集合全国的工人代表来开第三次全国劳动大会；在大会中间，完全确定我们工人阶级今后一切的行动。

---

* 本文原载一九二六年五月八日出版的《中国第三次全国劳动大会会刊》第六期。

第三次全国劳动大会是负有这样重大的使命，凡我们工人阶级，无论任何地方工会、任何职业组合的工会，均应派代表来参加，这是毫无疑义的。

广东是革命政府所在地，广东的工人比任何地方的工人都自由，而且第三次劳动大会开会于广州，广东的工人应该善用这种自由，更加踊跃地起来参加。广东工人参加经济斗争和政治斗争有长远的历史，所得到的经验自是特别丰富，这些都是全国工人恳切希望广东工友在大会贡献出来的。我们的大本营——中华全国总工会为了这，故在大会开幕前特别诚恳的致函于广州工人代表会、香港总工会、广东总工会、中国机器总工会，希望各总工团负责使所有统属下的工会，都能依照规定派出代表，并使所有各工会的工友，都恺切明了这次大会的重要。这是我们对于广东工友殷殷的期望。

大会于五月一日轰轰烈烈开幕了。全国各地工会代表都不远千里而来，聚集五百余代表于一堂，这是何等伟大的盛举！可是在这伟大盛举中，竟留着一个小小的遗憾，就是广东总工会及中国机器总工会因为少数的领袖消极的放弃，而致所属的工友竟致不能派代表参加。全国总工会曾特别派人至广东总工会接洽，及招待机器总工会各领袖，修改代表选派法，致信该两会邀请从速派代表参加此次劳动大会，已属仁至义尽！而竟不为该两会少数领袖所谅解，终至消极放弃，使全工会的工友竟不能派代表参加这个重大会议，这确是最遗憾的一件事体！这个遗憾，全国各代表感受着，更应深深遗留在未得派代表出席的每一个工友们脑海中。少数的工会领袖们，亦应因全部工友的遗憾，而深感着不安！

亲爱的工友们，团结是我们的力量，统一是我们战胜一切的工具；第三次全国劳动大会是我们今后一切策略的集议。看呀！我们的敌人——资本帝国主义、军阀、买办阶级、资本家、工贼、反革命派，一切压迫阶级已联合着向我们进迫了！我们要团结本阶级的力量，我们要统一战斗策略。我们为进行这个任务，尤要扫除一切妨碍团结、联合、统一的一切障碍力！亲爱的工友们！起来！

积极参加劳动大会！

扫除破坏统一的障碍！全中国工人阶级团结起来！

中国第三次全国劳动大会

5月6日

（中华全国总工会中国工人运动史研究室编：《中国工会历次代表大会文献》，工人出版社，1984年，第150—152页）

劳动大会闭会后宣传大纲

一、此次大会的成绩及其意义

（一）此次大会与普通的例会不同，他是开在五卅运动以后，是在工人阶级参加国民革命，充分表现其力量并为中国革命开一新时期之后；而且是在五卅运动之长期潮流——省港罢工——尚未衰竭、尚在激荡的时候；在五卅运动以至省港罢工，更使得帝国主义加倍扶植奉、直军阀，攻打一切民众力量与一切接近民众的武力，而造成暂时的反动政局的时候，所以他的意义，就与普通的例会不同了。因为他在此时，一方面固然是审核工人阶级既往的奋斗成绩，一方面又是确定工人阶级此后的奋斗方针，皆含有革命的重大意义。

（二）此次大会共开一十二天，共通过正式决议案九件，报告后决议案十件，其他提案四十七件，发出通电及宣言共八件，并举行及参加了“五一”纪念、“五四”纪念、“五五”纪念、“五七”纪念以及“工农联合”、“工农兵联合”、“工农兵学联合”、“工农商学联合”种种盛大的会，又为职工运动死难烈士及廖仲恺树立纪念碑，举行追悼会。为期虽短，然而大会本身的成绩确是不少，确是中国历史上所仅见的事情。

（三）此次大会的各种报告，有下列种种：

甲、一年来职工运动之发展及其在国民革命中之地位；

乙、全国政治状况与社会状况；

丙、国民政府现状；

丁、世界革命状况；

戊、世界职工运动；

己、苏俄状况；

庚、全国总工会执行委员会报告；

辛、上海总工会报告；

壬、省港罢工报告；

癸、工农兵大联合报告；

子、出席赤色职工国际经过报告。

各种报告差不多把各地的、全国的、全世界的一切真相——帝国主义、军阀、买办阶级及一切反革命派摧残人民及压迫民族之一切真相——用很正确的眼光、真实的材料、生动的语言，描写得至详至尽，使所有出席代表，皆能了然于胸，历历在目，故进而讨论各种议案，自然是迎刃而解了。

（四）此次大会的议案：

1. 职工运动之总策略；

2. 组织问题及其运用之方法；

3. 经济斗争的最近目标及其进行步骤；

4. 罢工的战术；

5. 工人与农民之关系；

6. 宣传教育问题；

7. 工会中之女工童工问题；

8. 劳动法大纲（附工会条例）；

9. 失业问题；

10. 合作社问题；

11. 修改章程；

12. 选举；

13. 宣言。

各种议决案，皆能切近目前的情形而决定，观念极其正确，解释极其简明，办法极其切实。去年第二次全国劳动大会议决案多为理论的决定，经过一年奋斗的经验，大会就有许多经验，从原则和理论走入实际了。譬如组织问题，我们去年讨论的是组织问题的原则和形式，今年讨论的则是运用的方法了。又如经济斗争问题，去年我们讨论的是经济斗争的原则，今年我们讨论的则是经济斗争的最近目标与其步骤了。又如罢工战术是本次大会新鲜的问题；工农关系是本次大会重要的决定；女工童工问题在本次大会里于经济斗争外，提出作特别的讨论；劳动法大纲，是综合我们从“五卅”以来作工会立法运动的总观念，而确定立法内容。——以上各点，都是我们对于各议决案的重要认识。我们应当据以宣传，在工人群众中细细的解释。议决案并不是空的，并不只是白纸写黑字，只看我们能不能应用，唯一的问题，就是要看我们能不能把这些议决案，深透的渗入到工人群众的实际活动里去。在组织上这次大会的结果，中华全国总工会执行委员会执行委员扩充为三十五人，另候补委员十七人；委员中常务委员九人；设秘书厅、下置各科；设组织、宣传两大部，管理全部组织及宣传教育事务；又于各大埠分区设办事处，指挥全国的工作。这是在内部组织上的，我们应据以为各会组织的模范。同时我们觉得更重要的，便是全国总工会在本国工人群众里的地位和信用。自“五卅”以来，上海的大罢工与有力的上海总工会之建立，是由全国总工会所指导与创造的。省港的罢工，全国总工会在粤港工人群众里已得绝对的信任。“五卅”后北方与中原职工运动之发展，曾经一时如风起云涌，都归宿于全国总工会。这样看来，全国总工会在政治的与组织的意义上，已确实成为全国的总机关；我们经过这一次大会，更看得清楚。因此，我们更应在工友群众里，于大会后作一番根据事实的普遍的宣传，以增加全国总工会的信仰，以谋永远的全国工会运动之统一。

二、什么是我们的成功

（五）进一步，我们便要来观察到底什么是本届大会的成功？第一，我们应当说本次大会在政治上，是完全成功的。因为什么呢？因为，此次大会虽是“五卅”以来大运动的产物，但目下中国却是一个反动势力占优势的时期，但是五卅运动尚有省港罢工的激荡，作最后的砥柱；又由“五卅”以后革命的结果，促成国民政府的巩固，而我们毕竟能在国民政府所在地，受省港罢工工友群众与全国组织的工人作后盾的拥护，把大会开成了，这就是政治的成功。第二，在组织上也是成功的。去年第二次大会，全国有组织工人不过五十万；今年第三次大会，据统计已有组织工人为一百二十四万一千余人，皆在全国总工会旗帜之下；在数量上可以看出，已增两倍半。来到本次大会的代表，便是这百二十万经过政治与经济战斗、经过组织的代表。在大会会场里，有规模宏大的组织，在大会以外，受所在地革命群众之拥护。这些事，在组织上看来，虽不能认为完全满意，还没有达到最高目的，但总算是有进步的，有相当成功的，这就是组织上的成功。

（六）在以上两点成功之外，还有更当注意的，就是用大会作中心，来观察中国工人阶级与全国及全世界的关系。这个关系的重要点，一方面在世界与本国情形之大要的趋势，另一方面则在中国劳动运动之本身与其将来。第一，我们坚决的断定：无论世界或本国的敌人所建造的反动局面，都只不过是助成我们的经验和表示他们的最后挣扎，无产阶级的胜利乃是必然的。第二，我们明白看出世界政局，正当帝国主义谋向工农阶级进攻、压迫苏俄的时候，而英帝国主义总罢工大爆发，各国纷纷援助，资产阶级万分惶恐。中国政局正当反奉战争失败，奉、直两系恶军阀建立反动政治时候，而全国工农及学商界革命分子，一致拥护国民政府北伐，以救人民于水火，早日完成国民革命。我们第三次全国劳动大会正是在此时开会，这并不是偶然的，这是表明本届大会的责任之所在。我们记得去年此时，不是赤色职工国际提倡统一运动，而英国只有少数的革命工人分子赞成么？但是现在英国最多数工人，已卷入革命怒潮，举行罢工，与全世界工人联合了。我们又记得去年此时，不是我们的势力尚弱，资本家厉行压迫，沪汉各地工贼大为活动么？但现在因全国工人努力之结果，尤其是上海、香港工人英勇的战斗之结果，已有了本次大会的成绩。一年以来，我们的战士牺牲者，如刘华、李慰农、黄静源、高克谦等，不可胜计。一年以来，我们工友被监禁拘囚者又不可胜计。一年以来，我国工人阶级与革命群众流血牺牲的结果，已超过中国自有革命运动以来之总合。我们尤其感觉的是：我们是半殖民地工人，现在这些成绩，只是稍尽了半殖民地工人阶级之职务，而中国工人阶级与此次大会的任务，就在从此更加奋发，谋得自己的自由与独立，并且不要放弃自己的世界职务——世界革命里一支半殖民地的生力军。

三、大会的精神与我们的责任

（七）以上说明大会的经过、其意义与其价值。总结起来，便是大会的成绩。从这些成绩里，亲身参加大会者可以看出大会的精神，但是对于未参加大会的数十万群众，便靠我们参加过的，将大会的精神带入群众中去。各代表回去以后宣传大会经过，且依照议决案实行工作，是唯一的责任。各工会接到大会的报告与各种印品而据以宣传，尤是必要的。

（八）必须认识此次大会的意义，必须看清了此次大会的内容，又必须明了此次大会的要点和全部（政治的与组织的）的关系，才能尽我们的责任。上海、粤、港及全国各地曾经猛勇战斗的工友，必须知道：大会的成绩，就是你们的成绩；大会的经验，就是你们的经验；因此大会的责任，也是你们的责任。北方及各地尚未组织的工友必须知道大会是代表全国工人的，是为全国工人阶级之利益而发生的；大会的责任，也就是你们的责任。因此你们拥护大会、拥护全国总工会的最好方法，就是齐起组织，继续战斗。此次大会的总口号，就是：

“谋全体工人阶级的团结，图革命的胜利！”

（广州《民国日报》，1926年5月17日，第十一版；
5月18日、19日，第十版）

第三次全国劳动大会统一远东职工运动宣言

现在已到了资本帝国主义崩坏的时期，也就是资本帝国主义剥削工人压迫工人最无耻最残酷的时期，因为资本帝国主义要想维持其垂死的生命，只有无情地剥削工人和残酷地压迫工人才有可能。

自一九一四至一九一八年的欧洲帝国主义大战将世界经济系统几乎完全破坏之后，欧洲的资本帝国主义英、法、德、意等，为得企图恢复其经济状况，对于欧洲工人阶级之剥削与压迫，更是无耻，更是残酷，逼得欧洲的工人阶级已经到了最后一步。所谓欧洲文明国八小时工作制与最低限度工资的规定，完全是空谈。在殖民地或半殖民地的东方，如中国、印度、高丽、爪哇、安南等地，本来就是帝国主义榨取额外剩余价值的地方，也就是世界资本帝国主义维持其最后生命之唯一场所。所以这些地方的工人所受之压迫与剥削比起欧洲来更是利害，就是资本帝国主义的日本，工人阶级所受的剥削与压迫，也比欧洲为严重。同时在殖民地和半殖民地的工人，除了外国资本帝国主义外，还要受本国资产阶级和封建遗孽之剥削与压迫。因此，我们可以说现在世界的工人阶级都是在垂死的世界资本帝国主义之无耻的剥削和残酷的压迫之下，尤其是远东的工人阶级，更是厉害。

我们还须知道，世界资本帝国主义之剥削和压迫工人阶级，无论在经济上政治上他们都是一致的，是联合战线的。因此，世界的工人阶级要想抵抗资本帝国主义此种剥削和压迫，也就只有联合一致，换言之，即“统一职工运动”。

统一职工运动的口号，在欧洲已经有好几年了，并且在事实上已有长足的进步，尤其是最近两年来，此种进步更是明显，譬如一九二四年全欧运输工人之联合及最近英俄工会统一委员会之成立更是显例。自英俄工会联合以后，已给了欧洲资产阶级一个猛烈的打击。

远东的工人阶级要想脱离世界资本帝国主义及本国一切压迫阶级的羁绊，得到自身的解放，只有联合起来一致的向敌人进攻才有可能，换言之，也只有统一远东职工运动后才有可能。自然远东的职工运动还很幼稚，我们的工作还在开始，但在事实上已经逼着我们不能不联合，并且在客观上已有联合的基础。我们须知道职工运动的分裂是资产阶级唯一的利益，是资产阶级能够剥削和压迫工人阶级之唯一的保证，即是资本帝国主义能够延长其残喘之唯一条件。因此，本大会认定远东职工统一运动是远东工人阶级目前最重要的问题，是统一远东工人阶级目前最重要的任务。因此，本大会希望亲爱的印度、日本、爪哇、高丽、安南、斐利滨的工友们起来，在最短期间内完成此种任务。完成此种任务的具体方法，我们郑重地向印度、日本、爪哇、高丽、斐利滨、安南工友提议，在最短期间内开一远东职工运动筹备会，以谋进行统一远东职工运动一切的工作。

远东的工友们！起来努力进行统一远东职工运动的工作，统一远东职工运动是我们远东工人阶级脱离世界资本帝国主义的武器，即是我们远东工人阶级打倒剥削和压迫阶级的唯一的武器，我们高呼：

远东职工运动统一万岁！

打倒资本帝国主义万岁！

（《工人之路特号》，第三百二十三期，
1926 年 5 月 18 日，第一版）

全国劳动大会致中国共产党书

中国共产党中央执行委员会：

贵党为中国工农阶级的利益甚至为中国一切被压迫阶级的利益而奋斗、而牺牲，已经好几年了，在几年当中，我们在各方面的工作上，在各种斗争中，都证实贵党所持策略之正确，尤其感觉到贵党党员之勇敢与牺牲的精神。我们知道在近年各种壮烈斗争的过程中，尤其在“二七”与“五卅”的斗争中，贵党党员牺牲了不少的性命，如“二七”中施洋烈士与“五卅”中之刘华烈士，都是我们工人阶级公认的领袖，是为我们工人阶级的利益而牺牲的。

但是因贵党和我们许多先进革命分子奋斗与牺牲的结果，在我们工人运动和民族革命运动上都创造出了一种伟大的势力，已经使得敌人——帝国主义、军阀、买办资产阶级恐怖，因恐怖而制造许多诬蔑贵党的谣言，想藉此毁坏贵党在群众中的信用，即是离散我们革命的势力，但是在我们工人阶级和进步的革命份子看来，敌人此种卑鄙恶浊的离间手段，不惟不能使我们对贵党有所怀疑，反而增进了我们对于贵党敬信与亲爱，因为我们在各方面处处都是与贵党党员一块儿工作，我们在各种斗争中都亲眼看见贵党的策略与贵党之奋斗和牺牲的精神，因此本大会敢代表全中国一百数十万有组织的工人很勤恳地向贵党表示十二分敬信与亲爱，同时当此敌人正向我们工人阶级和一切革命势力进攻之时，希望贵党格外努力继续贵党之正确的策略与奋斗和牺牲之精神。敬祝贵党努力奋斗！中国共产党万岁！中国工人阶级解放万岁！世界工人阶级革命万岁！

第三次全国劳动大会

主席团

一九二六年五月十二日

（《工人之路特号》，第三百二十三期，

1926 年 5 月 18 日，第三版）

预备参加大演操*

邓中夏

五一近了，第三次全国劳动大会将开幕了，这是我们劳动群众的大演操期快届了。我们在这次劳动大会中，要召集我们的战士，整理我们的队伍，检阅我们的武术，振作我们的兵威，为此后冲锋陷阵致果杀敌的准备，这就是我们的大演操。这个大演操，如同前年太平洋上美国海军大会操一样，如同法国增加空中飞机队一样，如同英日扩大军备一样。我们的武力，决不会比帝国主义者小，帝国主义者一阵杀来，我们一阵杀还过去，总要杀得帝国主义者个个撞死在我们的刀枪之下为止。工友们！努力！努力参加大演操！努力在这次劳动大会中演操！

（依照人民出版社2014年《邓中夏全集》订正）

* 本文原载一九二六年四月二十一日出版的《工人之路特号》第二百九十七期，署名：宗侠。

工友起来欢迎代表 *

邓中夏

第三次全国劳动大会快开幕了，各处的工友代表都陆续地到临了。工友们！起来！睁着眼举着手向诸位代表行一个极亲密极挚诚的欢迎礼！这是什么道理呢？因为佢们都是我们无产阶级和我们的敌人——帝国主义资产阶级——奋斗的先锋队，敢死队。佢们在我们和敌人斗争的进程上，要立无量的战功。这次佢们到广州来，专为开与敌厮杀的军事会议——第三次全国劳动大会——来的。我们知道这次军事会议，是今后决战的成败利钝所系；所以对于诸位代表要特别致欢迎的情意和热忱！我们欢迎代表的意义，一方面固然表示我们的拥护佢们，别方面还是督促佢们好好地开这个会！

工友们！莫迟延！睁着眼举着手欢迎代表！

（依照人民出版社 2014 年《邓中夏全集》订正）

* 本文原载一九二六年四月二十七日出版的《工人之路特号》第三百零三期，署名：宗侠。

第三次全中国劳动大会之工作与世界工人阶级

陈曙风

第一、二次全国劳动大会之经过泛论

自从第一、二次全国劳动大会开了之后，中国的劳工运动，有了很丰富的历史。这很丰富的历史，给与中国的工人阶级有不少的政治经验。“二七”之屠杀，上海总工会之被封，省港的政治罢工，刘华、顾正红、李慰农、黄静源等之流血，令到中国的工人阶级深印了下列的印象：

（一）认清楚谁是他们的敌人，敌人的辣手是怎样酷烈。敌人的利益是怎样同自己的阶级利益冲突。

（二）使中国工人在此种种教训中，兴起其阶级之自觉。

（三）中国工人运动潮流初起的时期，正是中国国民革命的大流也发动的时期。这国民革命之大流，如何除了工人之外，还联合起一切的农民、小商人、贫苦学生，去解答国内外的政治及经济的总问题——而中国工人在此时期内，如何了解自己的阶级在国民革命中所担负之责任。

（四）中国的工人了解自己在国民革命中所担负之责任，同时也了解自己之地位与力量，即是自己在实际上，居经济界的主人的地位和社会交通的主人的地位。他们以这个优越的地位，可以实现主人的身份。他们自己放胆去试验。在海员罢工，京汉铁路罢工，杨刘之役的罢工，及省港对外大罢工的种种事实经验了出来，工人阶级在社会的交通和经济界内，实居一个有权力的主人的地位。

（五）这个主人的地位如何可以实现，这个主人的势力，如何可以行使，非在一种“团结”上不能实现，不能行使。海员罢工，以团结而获胜。京汉铁路罢工，以团结而为大军阀所隆重视之；省港大罢工，以团结而轰动世界工人阶级及弱小民族及骚乱了英国之一向的对外政策——这一个教训，暗示我们，这小小的团结，即有小小的成效。即是暗示我们，将来最大的一个团结，必有最大的一个成效！

（六）国民革命的范围，大过其他的一切小成效的经济斗争。国民革命之成功，是全中国人得胜之最大效果。所以，拿前者小成效之经济斗争以团结而得胜为例，我们可以推测国民革命这么一个大效果，非把各小团结合起来，成一个大团结，那力量是不足的。所以统一组织要求，特别是急亟。

（七）以年来的经验来检阅，中国的手工业的工人□□□□□□之目的和使命的观念，还是很糊涂的。关于此点，吾人认为有将劳工运动之使命，向此□□□□□□□□□□之必要。上面的草草的叙述，是第一、二次全国劳□□□□□□□□□□注意的，就是在此刻之劳动运动，有一个国民革命，为其时代之背景。这么一来，第一，为劳工运动之本身增加了许多意义；（如民族主义反帝国主义等）二来，引起大多数人之注意，与同情；三来，在流血的斗争中，国民革命的历史和中国劳工运动的历史混成一幅图画，使中国之工人阶级，获得许多政治经验，和更深切的了解他们自己阶级之使命及力量。

何以要与世界工人运动发生密切关系?

第一、二次之全国劳动大会经过，既如上述。在年来的奋斗之经历中，可引为第二次决议之方案者不少。所以第三次大会的方略，一定拿第一、二次的斗争的成败来做根据。

但是，于此，吾人有不可不提出讨论者一点。即是第三次之劳动大会，对于国际间的事体要起首注意。有两个理由可供说明：

第一，中国的工人，（若不是手工业者）个个都没有不是欧美大陆的工人的老弟。而欧美大陆的工人，又个个没有不是中国工人的老哥。为什么呢？因为自从工业革命（机器运用了）之后，中国工人与资本家和外国工人与资本家大家同是机器文明和资本主义的产物。而机械文明和资本主义，首先发生于欧洲，次及东亚，所以外国的工人，先受尽资本主义荼毒之赐，然后及中国。又外国的工人，先设备了许多抵抗的思想，抵抗的主义，和抵抗的组织，然后这一个潮流才来到中国。

所以中国工人，与外国工人，同是资本主义的榨压物，而欧洲工人，先受资本主义荼毒之赐，就是中国工人之老哥。

第二，自从省港罢工，与及青岛事件发生了以来，中国工人运动，不独在国内寻得对象。并且要在国外——在国外注意国际帝国主义之侵略。同时，因此，便引起外国工人，同情中国工人运动。中国工人和国际工人的革命对象相同，即有联合战线之要求。

拿上面两点看起来，我们可以判断，中国工人运动，应该在此适宜之时期，与国际工人运动发生密切关系的。

国际上战前与战后之工人运动

关于国际上战前与战后之工人运动，我们可以在这里作一个简略之叙述，我们记得，战前的“五一”劳动节的起点，是一种经济的要求（颇颇说得上斗争）。由“要求”，为经验所教训，不得不转到斗争的路上去。这是战前的经验，一九一七之后，有产阶级，借着政权来卖弄，欺骗的事体，已经表现得很明显。“国家”是甚么——的一条问题，无产阶级也了解得很清楚。这么一个大经验，教无产阶级的工人，非走到去“夺得政权”，“劳工专政”的政治斗争路上不行。所以，自从欧战之后，欧洲的工人，已经有了普遍的觉悟，觉得非用政治的斗争不能达经济斗争之目的了。

同时，大战之后，无论战胜国与战败国的经济状况，都濒于破产的地位。在此种困难之中，所有一切还债，欧洲复兴的计划，都委之于无产者身上去做。有产者还借着其优越之地位，握着政权，去指挥驱策。

人民失业，日见增多。

钢铁与煤之多量出产，要求许多有生命危险之矿工。

减缩军备！不过是一纸空文，备战的惶恐还没有跑去。

于是失业者，及煤工，钢工，在此种不满足中，迫得要逞其人类绝大之威权——以劳力而握政治权力！

现在这个情形普遍全欧与美，我们可以说，世界革命的日子一定不远。只要全世界的被压迫者——工人、农民、弱小民族——联合起来！

我国的工人阶级，在国际的革命，可得了不少的教训。和国际的工人阶级也可得了不少的□□，所以直接参加国际劳工运动实为这次大会□□□□之一大问题。

（广州《民国日报》，1926年4月30日，第六版）

今年五一的目标 *

邓中夏

五一运动虽起源于争八小时工作制，但是他的意义并不限于争八小时工作制，所以他的目标必须参照当时政治环境和工人迫切要求而定，然后纪念五一，才不致悬空不落实际。

八小时工作制，四十年来，欧美各国工人以肉血与资产阶级相搏，经过不断的奋斗，算是争到一部分而且推广成为国际的运动了；可是中国工人却仍然做十二小时以上的工作。一九一九年各国资产阶级为缓和革命起见，曾在华盛顿召集世界劳资会议，决定各国均应实行八小时工作制。可是中国日本却被认为有特殊情形，须采用十小时工作制。中国工人也是一样气力有限的血肉身躯，并不是可以昼夜工作不息的机器，为什么可以认为特别情形，要作十小时的工作？况且实际上多是做十二小时以上的工作，我们纪念五一，自然对于争得八小时工作制，一步不能放松。

如何才能使八小时工作制以及其他关于工人阶级利益的要求达到，唯一只靠我们自己的一致团结，团结的表现就是工会。有工会才能谋得及保障我们的利益。所以工会组织自由权，是

* 本文原载一九二六年五月一日出版的《工人之路特号》第三百零七期，署名：中夏。

我们当前的需要。现在除广东外，北方及长江各省，尚没有这种自由权。我们纪念五一，自然对于争得工会组织自由权，也是一步不能放松。

但是今年的政治局势非常险恶，我们须得扩大及巩固各阶级群众的联合战线，然后才能脱出这个危险地位。所以特地郑重提出“扩大及巩固各阶级群众的联合战线”这一个重大目标来。

去年五一运动确是全国各阶级的联合战线（联合战线中各阶级性之存在，当然是另一个问题，而且永远是另一个问题）向帝国主义进攻。聪明的帝国主义者却懂得这一联合战线之可怕，所以五卅运动一开始，他们马上采用分离这联合战线之政策，如：以关税会议增加二五贿买军阀政府，使他们离开这一战线；以上海西商会容纳总商会要求的口惠，欺骗中国资产阶级，使他离开这一战线；以过激赤化等名词恐吓小资产阶级（学生及小商人），使之离开这战线；最后则指使其走狗奉系军阀，压迫罢工，压迫工会，而五卅运动的高潮，遂至降落下去。

同时，聪明的帝国主义者，不仅破坏我们各阶级反帝国主义的战线，并且建立他自己需要的反对“反帝国主义运动”的联合战线即所谓“反赤的联合战线”。如：扶助奉直军阀以打败国民军；勾结上海买办阶级以杀害工人领袖及扑灭工人运动；并收买一般高等知识分子及官僚政客努力作反赤之宣传与组织，这一联合战线反而有蒸蒸日上之势，最后则指使其老走狗段祺瑞，于三月十六日对北京民众加以非法残杀，而反动政局，遂以开始。

据目前形势看来，工人阶级似陷于孤立的地位了，工人阶级为获得他目前的要求和终极的解放，首要打破这一险要局势——即帝国主义一手造成之反对“反帝国主义运动”的联合战线，即所谓“反赤”联合战线。只有打破他，然后才有第二步的话可说。因为不打破此种局势，则工会万难公开自由恢复及存在，八小时工作制更不用说了。并且此种局势，不仅于工人阶级不利，实是于全国被压迫各阶级民众大家的不利，换句话说，就是反帝国主义运动即国民革命运动的不利，因为帝国主义的利，就是中国民族的不利。所以凡是不甘受帝国主义压迫的爱国同胞，均应脱除帝国主义及其走狗之迷惑与欺罔，重新继续五卅反帝国主义运动的精神，扩大及巩固各阶级群众的联合战线。工人阶级自然要本其历史的使命，在这一联合战线上为民族利益努力。

今年五一节，全国工会代表群集广东开第三次劳动大会，一方面固然是检阅及集中自己的力量，一方面又要扩大及巩固各阶级联合战线，这是我们当前的生死问题，也便是今年五一的特殊目标。

我们高呼：

力争八小时工作制！

力争组织工会的自由！

扩大及巩固各阶级的战线！

一致向帝国主义及其走狗进攻！

中国国民革命成功万岁！

（依照人民出版社 2014 年《邓中夏全集》订正）

第二次和第三次劳动大会之间的中国劳动运动*

陈独秀

中国之有劳动运动，其历史还很短，中国的工业犹未发展，工人的数量在全国人口比例上还很小；可是中国劳动运动的特色，一开始便是政治的和革命的，这是因为中国自身是半殖民地，它的幼稚工业没有别的殖民地供它剥削，以养成劳工贵族，以造成改良运动。并且中国的产业大部分在外国帝国主义或国内军阀管辖之下（如轮船、铁路、纱厂、香烟厂、矿山等），所以中国劳动运动之对象，大部分便是帝国主义与军阀政府，同时统治中国的帝国主义与军阀政府，就是中国民族革命的对象；因此反对帝国主义反对军阀政府，就成了民族运动和劳动运动之共同的政纲，而且这两个运动也只有共同力求实现这政纲，才能出路。

第一次和第二次劳动大会之间的中国劳动运动，其主要的是反对军阀之二七运动；第二次和第三次劳动大会之间的主要运动，是反对帝国主义之五卅运动。这两个运动虽然都失败了，但后者却有伟大的成绩与影响。

在五卅运动前，已经有了国民党改组，国民军发生，铁路

---

* 本文原载一九二六年五月一日出版的《向导》周报第一百五十一期，署名：独秀。

总工会成立，胶济路罢工、上海及青岛纱厂罢工，这些事实，第二次劳动大会开会时，已到了中国民族运动和劳动运动爆发的焦点，大会一闭幕，震惊世界的五卅运动便发生了。

五卅运动固然是各阶级联合的民族斗争，然而实际上和帝国主义直接抗争的，乃是上海、香港、汉口、九江、南京、青岛、天津、焦作等处的罢工工人，其他各界人士不过是工人阶级之声援罢了。真能使帝国主义在华权利发生根本动摇的，也只有这些罢工。

五卅运动虽然因为英日帝国主义利用奉军的高压而失败了，然而它在民族运动上在劳动运动上的成绩与意义，我们是不能忽略的。

香港的大罢工，在香港及广州的工会统一运动上收了很大效果。此次罢工固然有赖于国民政府之胜利始克实现，同时这次罢工也巩固了国民政府，使国民政府在对外抵抗香港政府势力上，在对内镇压反动势力上，都得着有力的援助。

上海的大罢工，唤醒了全国的民族觉悟，尤其在上海本地，资产阶级至今犹继续他们和平的民族平等运动，如关税自主、设立关税公库、收回会审公堂、工部局增加华董、公园开放、修改洋泾浜章程等。在工人阶级自身的力量上，“五卅”以前只有很少数散漫组织或空招牌的工会；“五卅”以后虽然未能继续维持当时二十万罢工工人大群众的组织，而全上海三十六万余产业工人中，已经有约四分之一的工人有了群众的组织，最重要的是纱厂工会（五万余人）、印刷工会（五千余人）、海员工会（二千余人）、码头工会（二千余人），都在他们的总机关上海总工会领导之下，公开的或半公开的进行工作。“五卅”政治罢工失败，又接之以经济罢工。当时几乎全上海无一工厂没有经济的罢工，即五卅运动中未举行政治罢工的，此时也举行了经济罢工。即在最近数月，此次经济罢工犹未停止，略如下表：

（自一月一日起至四月一日止）

产　业	次　数	参加人数	罢工期时间
纱　厂	一四	一二,八〇〇	五五七,二五〇
邮　务		六〇〇	（未罢成）
金　银　业	一	四〇〇	二四,〇〇〇
商务印书馆	一	四〇〇	四〇〇
麻　袋	一	一,五〇〇	四五,〇〇
袜　厂	一	七〇〇	
共　计	一八	一六,四〇〇	五八六,一五〇

“有了组织便要罢工”，这是上海工人的特性，这因为上海的物价不断的增高，而工资不增，便等于不断的减少工资；尤其是码头工人，他们的工资并且比去年平均减少了一半以上，这困苦不堪的五万苦力，是眼前上海劳动运动一个最紧急的问题。

除了香港、上海，从青岛到济南沿胶济路一带，也是一个中国革命的工人区域。这里的十余万纱厂路矿市政工人，在“五卅”前后可悲可敬的争斗与流血，比任何地方都剧烈；无论经过若何惨的失败，都没有反动的变相发生。他们现在虽在张宗昌铁蹄蹂躏之下，犹念念不忘阶级的组织与政治的争斗；他们的组织，他们的理想，虽然还很幼稚，而他们的本质，我们敢说是全中国工人中最英雄的部分。

沿京奉路即唐山与天津，是北方唯一的工业区，在国民军失败之前，天津已有五万纱厂及城市工人组织起来，并有了他们的公开的天津总工会；唐山除原有路工外，六万矿工亦已开始组织；国民军退后，天津、唐山都入了奉军的范围，工会绝对不能公开，在发展上受了很大的打击。

北京本是一个没有烟囱的地方，然而五卅运动后，也居然有了数千工人组织起来的北京总工会，并且热烈的参加政治争斗，在群众的示威运动中，几乎代替了“五四”以来的学生地位。现在奉军入京，他不免也要受点挫折。

北方的铁路工人运动，本居全国工人运动中首要地位；可是“二七”的伤痕犹未全愈，十余万路工，有组织的尚不及三分之一，现在京奉胶济二路及津浦路之大部分，又都在奉军高压之下，京汉路工又与旧敌吴佩孚重逢，眼前在组织上在行动上，都有很严重的障碍。

汉口本是中国工业中心之一，在“二七”前，工会运动本甚发达，其后因“二七”以来的政治压迫，农民因灾失业、劳力过剩及工贼活动这三个原因，所以在五卅运动中，汉口工人未能和上海香港工人携手并进；即“五卅”后，工会运动仍然没有若何发展。

湖南的矿工运动虽然有两处新的发展，而两处旧的组织——水口山与安源却都破坏了（安源虽在江西省境内，而在工人运动的历史关系上，则属于湖南）；一万多人的安源矿工组织，为日本帝国主义者假手于中国公司所破坏，并且公司为日本资本压迫而濒于破产，在山工作的工人已减少一半以上。

长沙的城市工人，大部分都有了组织，且能够参加地方的政治争斗。

依过去一年的经验，尤其是五卅运动中的经验，我们对于中国的劳动运动，可以得到以下的结论：

（一）我们固然不能夸大的说中国工人已是现时中国革命之唯一的势力，而却不能不承认他是一种重要的可靠的力量。

（二）中国的劳动运动之胜败和中国民族运动之胜败是在相互影响之下进行的。

（三）在民族运动得到相当胜利的地方，不但工会，即革命的组织亦能相当的存在；反之，在反动的军阀势力之下，任何工人的组织都不能存在，虽改良派的工会亦不能发生。

（四）崩溃中的中国军阀势力，断难长期巩固其统一政权，民族运动和劳动运动这两种势力结合起来，随时随地都有冲破军阀势力之可能。

（五）中国工人不但要扩大及巩固自己阶级的联合战线，且急需工农联合之成立，并且要和城市小资产阶级甚至大资产阶级成立反帝国主义反军阀的联合战线，如此才能够得工人阶级在政治争斗上和经济争斗上的初步胜利。

（依照人民出版社2013年《陈独秀文集》订正）

全国政治状况与社会状况报告*
——在第三次全国劳动大会和广东省第二次农民代表大会

谭平山

各位同志，今天兄弟承大会主席之召，来报告全中国政治状况与社会情形。但未报告之先，有几句话对各位同志说明的，就是现在中国的现象，非常纷乱，兄弟对于政治经验，不大精深，不过随便把一年来的中国政治状况和社会情形，和各位同志研究一下。讲到政治现象，其经过时间，虽不很长，然在全国表现出来的，却有极急的转变，各地皆有不同的现象。但是我们可以知道：其变化虽然复杂，然在其中可以找出两个对抗的势力来。这两种势力是什么？一个是革命势力，一个是反革命势力；又可说帝国主义的势力，更可以说一个是封建制度恶劣军阀的势力，和革命民众之势力。这两个势力冲突起来，非常的利害，有时革命势力伸张，而反革命势力沉静。反之，有时反革命势力伸张，而革命势力沉静。不过革命势力虽然有时沉静，而他暗中仍是不断地进行，预备第二次更猛烈的奋斗。如果此种现象的系不错，就可拿来分析中国一年来的政治状况

* 本文原载一九二六年出版的《中国农民》第六期、第七期合刊。

和社会情形。

自从去年劳动大会，和第一次劳动大会开会后，各位同志，都能根据大会的议决案和政策，在各地活动奋斗，都有很大的成绩。去年五月间，上海发生惨杀案，不久在广州的革命民众起来打倒杨刘，此事都起在劳动大会之后，此时可谓革命势力伸张的时候。我们知道：上海“五卅”惨案，是帝国主义者不能维持其压迫侵略政策，转武力想根本压落中国革命势力。但上海惨案发生后，即有三四十万工人，起来罢工，同时也有学生罢课，商人罢市，各方面都共同援助工人的反帝国主义运动，这是上海民众一致起来反对帝国主义的情形。那时的革命运动，就马上波及到全国了，如汉口，青岛，南京，长沙，广州等处，亦有同样的惨案发生，那时中国革命潮流，可谓高到极点了。如在广东方面来讲，就有国民政府和民众结合，能够打倒杨刘；打倒杨刘的原因，是为杨刘勾结帝国主义者和陈炯明，邓本殷来进攻革命根据地——广州。所以广州革命民众，不得已一致起来肃清这些叛徒。此事在性质上虽各不同，在事实上来看，也是因革命潮流高涨才有此表现，在上海与广州发生的事件，其中具有重要的力量，这力量在那里，不容我们不注意的。

先讲上海“五卅”事件发生，除工人罢工外，学生商人，都有相当的帮助，然从全部看起来，其主还是属于工人。所以中国革命，已经很明白的表现工人在民族革命中占一重大势力，同时在国民革命当中，政治上占很重要的地位。至于农人，把全中国看起来，亦有反帝国主义的多数表现，然有组织者，除广东七八十万人外，其余皆没有组织，所以在这一年来，仍不能十分表现他们的反帝国主义的势力来。我们知道：农民的力量是非常之大的，我们应当赶快去普遍的组织这一种人势力，使全国农民跟随工人一同跑到革命战线上去奋斗才好，我们想证明工农群众的力量怎样广大，就可以把中国革命潮流之高涨先看一看。在革命潮流高涨时，我们的敌人——军阀，帝国主义者，……同时亦向我们反攻。他们反攻固然有种种的方式，其方式或者表现非常的和平，其实则惨毒无比。他们反攻唯一的重要方式，就是勾结贿买中国的大军阀。因为他们若在革命潮流高涨时，直接用武力来压迫，一定会引起民众更大的反抗。但是帝国主义者非常聪明，知道这条路走不通，所以只有拿军阀……来做进攻革命势力的籐牌。比方英国，自省港罢工后，曾计划要用十万大兵来进攻中国。但在国际上，及其国内的种种关系上，终归于失败。这可以证明帝国主义者直接用武力进攻之不能适用于中国，惟有利用其工具——军阀来进攻的缘故。现在北方可利用的工具，只有张作霖，然张作霖是日本的附属品，而且英日在中国利益间的冲突，又非常之多，然他们为现时共同的利益起见，不得已与日本联合，勾结奉天军阀来压迫上海的罢工，所以在那时英国令张作霖派兵到上海，残杀工人领袖，封闭工会，种种方法压迫民众运动。当张作霖派兵至上海压迫革命运动时，各地革命民众也都蜂拥起来，同时又发生一种现象，这就是孙传芳借民众的势力，以反对奉张。我们知道：孙传芳是一个军阀，但在反奉时，却借民众力量去打倒奉张，这可以见军阀也知道民众的力量了。自从孙传芳追逐奉军出江苏安徽后，以至郭松龄反戈，北方政局有很大的变化。郭松龄之反戈，我们姑且勿论其动机如何，但其帮助民族革命则非常之大。郭松龄之反戈，孙传芳之反奉，固由于知民众势力之大，而不去跟着军阀同归于尽，然其对于民众的表示则非常之好。同时又发生国民军一致起来，反对奉张，此时可谓反奉大联合。郭松龄，孙传芳亦是反奉的一分子，他们都有民众的帮助，但孙传芳的假面具，却是揭得太快，反为民众所憎恶。在反奉战争中革命潮流，仍然高涨。因此，帝国主义不能不尽量培养其工具——军阀……的势力，所以日本出兵满洲，并扑灭郭松龄。张作霖自从复兴后，各处革命潮流因环境的不好，也不免销沉下去，同时在上海因孙传芳作恶，革命潮流亦无从伸张。但上海罢工运动之失败，除商人交结帝国主义军阀之外，学生小商人不能坚持到底，也是失败的一大原因。

照这样看来，小商人何故不能与工人一同坚持奋斗，因为帝国主义用“分裂政策”，先将大商人分开，再来分裂小商人，固然帝国主义的策略施行了，一般小商人，及一部分学生，已被吓逐了，然而在运动失败当中，却得到一个大教训，中国的革命小商人，学生，不应与工人分裂，而中帝国主义之计，但在反帝国主义运动中，不联合的小商人，学生，也算是帝国主义者的走狗和工具。自从五卅运动失败，革命潮流已渐消沉，然在事实上来观察，不过暂时停止而已。我们革命运动则永不会销灭的。我们千万不可因此就悲观起来就妥协起来：因为此乃革命过程中必有的现象。我们知道：工会被封，工人领袖被杀，于革命进程中固有种种不利的影响，但我们因此更加团结起来，准备下次更大的斗争。而且现在革命潮流虽暂销沉，但可仍然保持不少原有的革命力量而暗中都时时预备继续工作，如省港罢工，不特没有受这种打击的影响，而且革命势力已一天一天发展前去，与英国帝国主义者作长久的搏战。在上海虽然无公开工会，但仍然可以保持二十余万的工人力量，而且暗中时时预备奋斗，这亦可以证明。除上海外，还有天津，直隶，唐山等处，革命势力也一天一天的伸张，广东革命势力固然发展，而在中国各地亦莫不然。农民除广东有七八十万组织外，在湖北、湖南、直隶、河南，及三特别区等处，亦有多数农民组织起来。在工农方面的势力，固然伸张了，在小商人方面又如何呢？我以为小商人，大多数是持保守主义，但在帝国主义十二分压迫之下，也一定会和工人联合起来共同奋斗。至于学生中之革命分子更多，然学生不是一个阶级，或有一部分会逃出革命战线之外，但从全体看来，如上海学生联合会，也不能逃脱反动势力之压迫，而与帝国主义者斗争，以上系在革命潮流高涨及消沉中所得的大概。在全国政治方面来讲，虽在反动势力之中，如广东政府，能够统一两广，又与民众势力日见接近，日见团结，就可以知道国民政府，是建筑在民众上面，所以在全国来看，广东的政治，可占一重要地位。在北方国民军，虽第二三军大受损失，一军军力仍能保全，并能够一天一天与人民更加接近，一定可以再兴盛起来，变为人民的势力，现在更将北方情形分析一下：

北方最近国民第二三军，已算失败了，一军已受压迫退出北京了，在表面上似乎是反革命势力伸张的时候，固然这反革命势力是帝国主义者所培养起来的，这是帝国主义者铲除中国革命运动之一种方式，——拉拢奉直联合对付国民军。北京自从四月十六日国民军退走后，工农大受压迫，同时固然受很大的损失。但这样现象，可以长久么？不能的，因为奉直结合，是以权利而结合，而且并非出自本意，是由于英日帝国主义者之拉拢，又因英日利害之冲突，又非常吃紧，迨英日不能相容的时候，奉直联合亦会跟踪而破裂。自今以后，奉直对于农工一定会有一致压迫的手段，我们在其中，尤其是工农群众，受害会特别大，革命同志也一定牺牲不少，人民固然一方面受压迫，而革命势力也一定要伸张。但不久的将来革命运动的发展，会达到如何程度？这要看民众革命运动，特别是农工运动之发展程度来决定。所以今后对于工农运动，是中国革命中格外不容缓的一件事。以上是关于北方简单的情形。

在长江方面来讲：上海有吴佩孚，下游有孙传芳，但在两势力之中，现已生出裂痕了。现孙传芳虽有五省势力，其实只有江浙而已。我们可以说，孙传芳不过虚有其名，而无其实，但他在东北非常恐惧奉直的势力，在南方又惧怕国民政府之挞伐，所以他现在只有采取保守政策，而无进取之力。他虽主张保守，但对民众运动，仍然取压迫手段，我们民众一定要联合起来反对此种恶势力。在吴佩孚方面在北方与奉天妥协，而共同进攻国民军，但在南方非常恐惧与国民政府接近的唐生智。大凡一个军阀在进取当中，一定向各方面都虚张声势，其实是一无所有的。然而我们却要趁这时机快快与社会各阶级组成联合战线共同进攻，才能发展中国的革命，对于长江的情状简单是如此。

现在一般帝国主义者，对于革命民众的压迫有几种方式：（一）利用军阀压迫革命民众；（二）给些少利益收买不革命分子；（三）对于一般民众表示让步。总其破坏挑拨，分裂中国革命势力的奸谋，大概是这几种。以前拉出关税会议，法权会议等，就是和缓革命势力的奸谋，如关税会议可以暗示商人，或可以得到很大利益，使其不与工人合作。其次法权会议，以为可以使中国人民，会得到一部分的自由，可以不用革命了。如现在上海，汉口，增加华董，及交还会审公堂，这便是一种和缓革命的阴谋。因为帝国主义者断不怀好意而必出此者，其重大原因，就是中国革命势力的膨胀，使他弄出这个勾当，然这可以说完全由工农牺牲换来的代价。以上是长江一带的简单情形。

对于广东又是如何？在广东的同志们，或不用兄弟多讲，然外省同志，恐怕还不大明了，不得已多说几句。广东政府是为民众谋利益和担负国民革命的政府，然要处在帝国主义种种压迫之下奋斗，将来在奋斗中占最大力量的，还属于工农群众。现在两广已团结了，而且使湖南起了一大变化，有变成革命省份的形势。这也算是群众努力得到的。广东工农群众，一年来政治上占极大的势力，我现在可以一一指出来；如扑灭杨刘肃清东南二路叛逆，在每次政治上的变动工农群众都有很大的帮助。但是广东国民政府，目下有一件急不容缓的事，是什么呢？就是赶快出师北伐。我们知道：全国民众受恶势力的压迫，已达到极点了，尤其是工农群众，更为厉害。所以广东工农群众，要更加努力奋斗，万分诚恳的拥护国民政府，达到北伐的成功。现在出席大会的同志，是各省都有的，我很希望各自准备工作，完成国民革命的工作，这是我们今后唯一的重大责任。我们知道：现在广东工农已有很大牺牲，然亦得到相当的利益，这利益就是言论、集会、结社各种自由，即经济上亦得到一部分的解放，这亦可以说是奋斗的结果。

各同志应当注意的：除国民党之外，还有进步的农工分子组织的党——共产党，所以中国国民革命当中，工农群众对于国民党，应当要拥护，对于共产党亦是要拥护。这就是党的问题关系革命的重要，简单是如此。

结论——这一年来革命民众奋斗的牺牲，是很大的，成绩也是很大的，现在两广之外，都是反动的局面，而革命势力虽是暂时消沉下去，然亦不紧要。若从各种事实观察，无处不表示革命势力的伸张，及不断的发展。但在我们——革命者，未能得到全国政权之先，是不可不努力去组织群众，训练群众，领导群众，预备后来比较更大的斗争。现在工作方面，在压迫势力底下，虽不能公开，但不可不秘密组织巩固革命势力。现在广东的工农群众，虽得到生活上安全及自由，还要要求得到完全的自由，完全的解放。全国的工农同志，应该极力拥护国民政府出师北伐，建立全国国民政府完成国民革命，使全中国人民得到完全解放！因为北伐问题，不是广东的问题，也不是中国一部分的问题，是全中国的问题，是全中国民众的责任。现当出师北伐时候，各同志应该格外准备工作，共同努力，使帝国主义的寿命日臻短促，军阀的狗命立刻断绝，我们今日的口号：

全中国第三次劳动大会万岁！

全中国劳动大会代表万岁！

工农大联合万岁！

打倒军阀！

打倒帝国主义！

中国国民革命成功万岁！

世界革命成功万岁！

（依照人民出版社 1986 年《谭平山文集》订正）

第三次全国劳动大会之经过及其结果*

赵世炎

第三次全国劳动大会，自五一节起至十二日止，开会于广州。这个集合全国工人阶级之领袖与战士的大会议，现在已经闭幕了。这次大会的经过和结果，如若只当作普通的例会看待，便会失去大会的重要意义，而只能从议事日程里，找得出一些报告和决议案来。实际上，这次劳动大会不只于是个例会，而是中国工人阶级经过自“五卅”以来一次长期大战斗后的会议；亦是五卅运动的长期潮流，即省港罢工尚在激荡不已为五卅运动最后砥柱时之会议；亦是帝国主义、军阀、中国资产阶级、反革命派等联合战线成立，向革命势力进攻时之会议。所以这次大会的成绩，实际是数十万参加战斗的工人阶级，根据经验，结算成绩之总合。中国自有劳动运动以来，这次劳动大会在工人阶级本身的历史里，要算最重要最有意义了。

大会到会代表共五百零二人，代表有组织的可统计的一百二十四万一千余工人，共四百余工会，其中会员人数在二十万以上者有两个工会，在一百以下者两个工会，在一千至三千者九十四工会，在五千至一万者三十七工会，在一万至

* 本文原载一九二六年五月三十日出版的《向导》周报第一百五十五期，署名：乐生。

五万者十六工会。代表职业以运输业为最多，次为食品、纺纱、织造、建筑、煤矿、印刷、手工业等。在组织上，这次大会与第一二两次大会比较起来（第一次大会有组织工人二十万，第二次大会有组织工人五十四万），是进步而又成功的。即以罢工运动而论，一年中上海与省港两大罢工运动，固是十分伟烈，充分表现中国工人阶级政治与经济斗争的力量，他如青岛、天津、济南、郑州、焦作、汉口诸地，均有浩大的罢工运动，总次数在二百次以上，时间最短者一周，长者至数月，由南而北，参加罢工者过八十余万人。这都是这次大会工作的结晶，这都是这次大会旗帜下的战斗员啊！

什么是大会的本身成绩呢？这不能离开中国工人阶级目前政治的与经济的要求以外。所以大会的最重要决议案是下列诸件：（一）职工运动之总策略，（二）组织问题及其运用之方法，（三）经济斗争之最近目标及其步骤，（四）罢工的战术，（五）工农关系，（六）宣传教育问题，（七）女工童工问题，（八）劳动法大纲（附工会条例），（九）失业问题，（十）合作社问题。作这些议决案的材料，指示中国工人阶级之正确的政治、经济、社会与职工运动的观念和策略的，有下列各种报告：（一）一年来职工运动之发展及其在国民革命的地位，（二）全国政治与社会状况，（三）国民政府现状，（四）世界革命状况，（五）世界职工运动，（六）苏俄状况，（七）全国总工会报告，（八）上海总工会报告，（九）省港罢工报告，（十）各地各代表团的报告，（十一）工农兵大联合的报告，（十二）出席“赤色职工国际”经过报告。这些报告包有中国工人应具知识之全部。担任报告者，有国民政府委员、苏俄同志、中国共产党党员、职工运动诸领袖。大会中对于各报告俱有讨论与决议。有几种报告是劳动大会与广东全省第二次农民大会合同开会的，所采的是共同的决议。总计大会通过正式决议案九件，报告后决议案十件，提案与其决议四十七件。决议案中最重要的，要算总策略的规定、组织的方法、经济斗争的目标，及罢工战术诸项。在总策略里，大会指明“五卅”后与“五卅”前中国工人阶级的不同的地位，提出工人阶级最近之目的在求经济改善与自由，而责任则在促成帝国主义与军阀之死亡。又指明工人阶级之组织形式，一为政党，一为工会；政党乃阶级的最高组织，工会须从原始的简单的形式，进而作严密的团结。又确定与农民的亲密携手及与城市中各阶级革命民众建立国民革命的联合战线。大会一方面指出工人阶级在国民革命中之地位，另一方面亦警告惟有广大的组织与革命的联合战斗才能达到目的。在组织方法决议案里，详细说明各级下层组织、工厂支部、支部干事会、工厂委员会、产业联合会会议、秘密组织等的规律和实际。在经济斗争问题里，提出最低限度工资与最高限度工时、劳动保护、改良待遇、优待女童工等目标与进行步骤及斗争的指导和经验的交换。罢工战术在本届大会中是一个新的问题，引起到会代表的兴趣和热烈的讨论；决议案中分析罢工的性质、决定的条件、准备的步骤、注意的问题、敌人的破坏之估计等等。这些决议案性质之重要，绝不止于是白纸黑字的，乃是从经验与实际里产生出来。全国劳动大会是全国各工会的最高会议组织，所以每次大会的议决案成为最切近的政治与经济的战斗纲领。

正当大会开幕之前一日，增加全国工人代表一个世界的教训，国际资本帝国主义的厄运再度表演，大英帝国之总罢工爆发了。大会闻此消息后，立拍电表示深厚的同情与援助；在战斗中的英国无产阶级，接着这个被压迫民族的半殖民地的无产阶级同情援助之声，应当愈加愤发罢。广东与香港的工人，又联合大会请代表举行援助英国罢工周，实行号召物质的援助。尤其是粤港的工人，他们将近一年来站在英国帝国主义之对垒里，困苦艰难，到目前当然意外的感觉欣幸，愿祝英国无产阶级之成功。大会又特别致电英国工人，请援助省港工人，督促英政府承认罢工条件。这种事实，不仅证明国际工人之联合，而更证明中国工人确是世界无产阶级革命里一枝有力的军队。在英国矿工罢工以后，各国的无产阶级，都纷纷起而援助，但在此罢工前，远东一枝有力的军队，已经七八月长期在战线上冲锋陷阵，应当为世界无产阶级所赞许且敬重的。

在组织的意义上，此次大会固然是进步而有成功的。同时，在政治意义上，姑无论全国此时大部份境域怎样的陷入恐怖之窟，然而准对此黑暗的恐怖之窟下攻击，对于全国反动政局作有力的抗议者，便是此次的大会。所以大会全体代表，一面亲身请愿国民政府速行北伐，另一方面又号召全国工农与一切革命民众，自珠江流域以至长江流域与黄河流域直至东北，应为北伐军布胜利的战线，期国民革命之早日完成。本月十一日，黄埔政治军事学校欢迎劳、农、教育三大会代表，国民革命军代表即席提出各界民众合作镇压反革命为北伐条件，而劳农代表即以此为答词。扫荡反革命的北伐工作，现在已不是宣传而是实际了，因此在广州开会的劳动与农民两大会代表，严重的提出拥护革命军北伐与拥护国民政府两口号，又在广州城内连次举行工农兵、工农学、工农学商的联欢大会，在各联欢大会里，充分表现各界革命民众在国民革命里之合作与拥护国民政府的精神。尤其切实的是工农学商之联欢大会，提出有关商人利益，拥护省港罢工，巩固革命基础的决议案。由这次联欢大会所产生各界全权代表之联合委员会组织，将成为有力的团体，不仅使反革命派的阴谋不得逞，且可以使香港帝国主义之阴谋（离间工商感情，挑拨工学冲突，贿买反革命军阀与土匪作乱）失败，而令国民政府的根基更加巩固。这亦是本届大会期间内的革命策略之成功。

虽然全国大部分境域在反动势力之下，但是工农阶级仍然保有其力量，各阶级民众，仍保有其革命势力于社会各种组织里。在这次大会里，从各种社会团体对于大会的拥护声，可以看得出来。大会接到拥护的函电，多至六七百种。尤其是国民党与共产党，亲切的表示出对于中国工人阶级的希望和责任。大会亦议决致书国民党与共产党，表示明确的态度。这种信件不应只当作普通的文件看待，因为这是工人阶级的政治表示，较其它决议还觉重要。此外自五卅运动以来，尤其是在省港罢工后，中国工人阶级已开始其政治的与社会的治理实验，所以此次大会中各种组织，亦远较以前的组织为进步。从各地来的代表，都惊叹省港罢工组织之发展与武装纠察队之有训练。这都是在大会以外有益的实际教训。

我们难以在一篇说明里将大会的内容包含详尽，这以上所述，自然只不过是指出其重要者。最后，我们总括大会的结果，应总合的有下列几点：

（一）自“五卅”后长期大战斗自身力量的总检核；

（二）最近政治状况与革命联合战线及职工运动总策略；

（三）组织上的进步与此后更大的团结。

所以大会的结论，在政治的与组织的意义上已十分明显。这样的结果成绩，并不只是大会本身的成绩，而是全中国工人阶级之成绩，因为大会的经验就是全国工人阶级的经验。

广州通讯五月十三日

（依照人民出版社 2013 年《赵世炎文集》订正）

三次全国劳动大会在职工运动上的意义

李立三*

中国的产业发展是在欧洲大战开始以后，所以中国职工运动也在民国八年的五四运动以后，才渐渐发展，（以前虽有许多罢工事件，多半是手工业工人的运动）到现在不过七年的历史，然而他在中国革命的意义上，已尽了很伟大的劳绩，并且渐渐成为革命势力的中心，如过去的二七运动、五卅运动，都很明显的表现出来了。同时，工人阶级本身的组织上，也有很大的发展，只要把三次全国劳动大会比较一下便可以知道：

次数	列会代表人数	工会数	代表的工人总数
第一次	160人	200余个	30万人
第二次	281人	166个	54万余人
第三次	502人	400余工会	1,244,000余人

中国职工运动在这样很短的历史中，有这样很伟大的发展，固然有许多客观的原因，然而三次全国劳动大会实在有很大的功绩。第一次大会在职工运动勃兴时期的开始；第二次全国劳动大会在长期退守之后；第三次劳动大会方经过伟大的五卅运

* 本文发表时，署名：立三。

动，都是职工运动重要的关头。三次大会都能够利用过去的经验，分析当时的环境，正确的决定全国工人奋斗的目标和策略。所以在大会后，即接着一个勃然的发展，不能不说是大会的成功。我们可以把三次大会在职工运动中的意义分析一下：

民国八年以后，一方面有五四运动的刺激，一方面俄国革命的浪潮也影响到了东方。于是“民族斗争”和“阶级斗争”两个观念都侵入到著名世界的最驯顺的奴隶中国工人阶级中来了，许多先进的分子接受了这两种思潮，渐渐有反抗的运动。但是当时工人阶级毫无斗争的经验，不知道组织的重要，所以在各处都发生了许多无组织的原始的暴动，得到了的，只是些惨痛的结果与教训。这种情形继续到两年之久。直到民国十一年，南方有海员罢工的胜利，北方有京汉铁路罢工的胜利，工人阶级才觉得“组织”在斗争中的重要了。因此，工会的组织渐渐在全国各处发展起来。罢工事件也就一天多似一天。但是这罢工事件多半只是些部分的零碎的斗争，并且大多数工人尚处于积威之下，不知道起来反抗。工会组织也极其纷乱，有许多不同的形式和内容。所以当时的问题，第一就是怎样决定全国工人的总要求，号召全国工人一致起来向这个共同目标而争斗；第二就是要确定工会组织的原则与系统，使工会的组织更加健全巩固。中国劳动组合书记部是当时职工运动的中心，因召集全国有组织工人的代表于十一年五月一日在广州开第一次全国劳动大会。这次大会对于这两个问题都能有很正确的决定：

第一，决定了全国工人的总要求十七条。这十七条不但在当时唤起了全国工人起来一致争斗，并且到现在还有许多可以作为全国工人斗争的目标。现在把它抄在下面：

1. 工人有集会结社的自由；

2. 工人有罢工的自由；

3. 工会应有团体契约权；

4. 工人有加入团体组织的权利；

5. 每日工作八小时，夜工六小时，不满十八岁的工人最多六小时；

6. 每星期休息二十四小时；

7. 禁止时间外的劳动，如必要时，须得工会的允许；

8. 工作时间如果超过规定时间，须照延长的时间数加倍付给工资；

9. 规定农产品价格；

10. 绝对禁止不及十八岁的青年工人做夜工和危险及不卫生的工作；

11. 女工从事重工作者，产前产后休息八星期；轻工作者休息六星期；

12. 禁止不及十五岁的儿童作工；

13. 规定最低限度的工资，关于此种立法，须有全国工人代表参加；

14. 国家企业的雇佣人不得无故免职，由国家管理的企业，工会有参加管理之权；

15. 国家须设立专门局研究劳动条件，并须有工会代表参加；

16. 工人应参加社会保险立法，各种的保险费，应由国库支出；

17. 男女工人有受初期补习教育的权利。

第二，决定了工会组织的原则：“在新式工业中，应以产业组合为标准，职业组合足以减弱工人阶级斗争的力量，不可采用。”这样确立了工会组织的原则，在职工运动上实在有很重大的功绩。中国工人阶级，脱离手工业的生活未久，旧式行会组织的习惯，积染极深，所以在工会组织未发生以前，各种产业工人，许多加入了旧式行会，如“老君会”、“鲁班会”等。这些旧式行会在新式产业工人群众有很大的势力。并且当时有些原始的罢工事件，还是他们主持。如果当时不把产业组织这个原则确定起来，那么这种行会组织，一定到现在还可以破坏工会组织，阻碍工会运动的发展。

第一次大会还有许多重要的决定，上面所说的不过是最重要的两个。我们只要看一下这两个决议，便可以知道第一次大会后职工运动的勃兴与二七运动的发生固然有许多客观原因，而第一次大会实在有重大的功绩和意义。在职工运动勃兴时期，普遍全国的罢工事件，每次的要求差不多都是以这个总要求为标准。可证明这个总要求宣传的结果，已经鼓动了全国工人反抗的勇气，最后更促成了中部和北部工人阶级为集会、结社的自由的总的争斗，成功中国职工运动史上第一个伟大运动——二七事变。所以这个伟大的二七运动，也可以说是第一次全国大会的产儿。

在职工运动勃兴时期，工人群众已渐渐直接感受政治暴力的压迫。二七惨变，更完全表现帝国主义、军阀、资产阶级联合向工人进攻，工人阶级对政治上的觉悟，因此更加增进了。二七事变后，在长期退守的时期中，尤其饱受政治的压迫，一切工会，俱乐部、学校的组织，尽遭解散，言论集会的自由，剥削殆尽。甚至在工厂工作，都有军警监视，工人生活等于囚犯，在这种严重压迫之下，工人阶级自然明明白白的认识现在的政治完全是压迫工人阶级的工具。十四年一月北京政变后，直系军阀崩溃，各处工会都渐渐恢复，加以上海青岛纱厂工人的大罢工职工运动已有显明的复兴的趋势。于是海员工会、全国铁路总工会、汉冶萍总工会、广州工人代表等四工会，发起第二次全国劳动大会。五月一日开会于广州。当时工人阶级，经过长期的压迫以后，对现在的政治有了明显的认识。但是怎样才能从现在政治下解放出来？怎样才能打倒当前的敌人帝国主义和军阀？这是当时工人群众怀疑莫决的问题。所以这次大会的责任，就是要决定工人阶级政治斗争的策略，指出政治上的出路和他目前政治上的责任。这次大会，可以说对于这个重大的责任，有充分的努力，对于当时工人阶级怀疑莫决的问题，有明显的、具体的解答。这次大会的第一个决议案就是“工人阶级与政治斗争的决议案”。在这个决议案的第一段说：

“工人阶级的每个经济的斗争，同时就是政治斗争。这是因为资产阶级在经济上的优越地位，是倚靠在政治上优越势力保障之上。当工人阶级开始动摇资本的利益时，资产阶级必定尽力用他们的国家机关的权力及军队、警察、法庭、监狱等来压迫工人的行动，工人阶级要达到政治上的自由，只有工人阶级推翻资产阶级，自己掌握政权之后。”

这一段很具体的指明了现在政治的资产阶级性和工人阶级必须推翻资产阶级的政权建立自己的政权的理由。下面又说：

“帝国主义与军阀，正在统治中国，民族革命是唯一的出路。”

“世界无产阶级革命，是要推翻资本制度。但殖民地和半殖民地的无产阶级，更多受一层帝国主义的压迫。殖民地和半殖民地的民族革命，是要推翻这种压迫的，即为世界革命的一部分。因此中国无产阶级必须参加民族革命运动。”

这一段指明了中国工人阶级当前的敌人是帝国主义与军阀，民族革命运动就是要推翻帝国主义与军阀。所以工人阶级目前政治斗争的出路，就是要参加民族革命运动。接着又说：

“民族革命运动虽然是各阶级共同参加的，可是中国资产阶级中，主要的买办阶级，完全为外国资本家所养成，不但不能革命，而且是反革命的。其他一部分工业资本家和商业资本家，因直接或间接受外国资本家压迫，不能不有革命的行动；可是另一方面，他们又见到中国工人阶级革命发展之危险，反愿勾结帝国主义以阻碍民族革命的发展。至于城市的小资产阶级虽然是革命的，但他的本身，不能有集中的战斗力。所以中国民族革命运动，非得工业无产阶级参加并居在领导地位，提携着广大的农民群众进行，是不能成功的。”

在“工农联合的决议案”中说：

“工人阶级要想推翻现行制度，必须结合反对现存制度的一切革命势力，因此他应该努力找寻他的同盟者。这种同盟者的第一个就是农民。无产阶级如不联合农民，他的革命，便难成功”。

在“工农兵大联合决议案”上说：

“打倒军阀和国际帝国主义的革命，解放劳苦群众的革命，只有工农兵一致团结，才能成功。”

上面这些都很正确的说明工人阶级要打倒他的当前的敌

人——帝国主义与军阀，必须结合一切革命势力，尤其是小资产阶级的群众，努力实现国民革命才有可能，并且把买办阶级的反动性，大资产阶级的妥协性都指明出来了。

这次大会能够把当时最重大的问题有很正确的决定，就是很正确的指出了工人阶级政治上的出路及其斗争的策略，实在是这次大会很伟大的劳绩。大会后不久即爆发了空前的伟大的五卅运动，工人阶级便是这次运动的主力军。在全国各地，最能勇敢奋斗的，支持最久的，都是工人阶级。可以说工人阶级在这次运动中已经能够把他的革命的精神和力量都尽量的发展出来，使帝国主义受了莫大的打击，促进军阀的崩溃，普遍的发展了革命势力的组织。总而言之，使国民革命运动，有了莫大的进展。很显明的，能够有这样伟大的成功的原因，实在是工人阶级能够很正确运用这次大会决定的政治斗争的策略的结果。在这次运动中，工人阶级一面很勇敢的起来斗争，一面极力与一切革命势力尤其是小资产阶级结成巩固的联合战线，如上海的商学联合委员会，广州的工农商学兵大联合，汉口的工学联合委员会等的组织。同时监督大资产阶级的妥协、买办阶级的反动，这些策略在第二次大会关于政治斗争的决议案内，都明显的说出来了。所以从五卅运动的经过，很可以看出第二次大会的成功。

五卅运动横的方面，普遍到了中国所有重要的产业中心矿山区域，以及各大小城市中的手工业工人群众；纵的方面，继续了数月的奋斗，省港罢工更继续到现在，还未解决。各地工人阶级都增进了不少的经验，同时也发生了不少的问题。并且各国工人阶级在五卅运动时，都以物质的或精神的援助中国工人阶级。因此，中国工人阶级在行动上、斗争上，渐次与世界工人阶级，发生亲密的关系。换句话说就是中国工人阶级领导的国民革命运动与世界工人革命运动渐次接近。

第三次大会适在五卅运动长期争斗之后，所以这次大会的责任：第一，就是要总合“五卅”以来各地的经验，成为工人阶级的总的教训。第二，就是要决定中国工人阶级联合世界工人阶级共同斗争的策略。第三，就是要解决各地“五卅”以来发生的具体问题。这次大会的经过，虽然不能毫无缺陷，然而对这几个重大的问题，实在有了很正确决定。此次大会，重要报告凡十二，有五个报告——如中国职工运动一年来的发展、全国总工会报告、省港罢工报告、上海总工会报告等，都是从斗争的经过，总说明过去的经验。决议案凡八，更完全是总合过去斗争经验的结晶。

“在中国职工运动一年来的发展”上最后一段说：“中国工人阶级在中国革命运动中之领导地位，已从过去一年的奋斗事实中得以确定。同时，在另一方面，又可证明中国军阀是帝国主义的走狗，中国大资产阶级在革命中之妥协、调和与反动行为；中国小资产阶级对于革命之热烈要求及其犹移不定的倾向。在此种情形之下，中国工人阶级应切实联合小资产阶级，促进大资产阶级与帝国主义冲突，进行革命，方能免得孤立。过去一年的职工运动许多地方尚未能与小资产阶级建立严密的共同战线，以致小资产阶级离开工人，与大资产阶级同走到一条妥协的路上，使中国革命运动受一极大之损失。所以中国工人阶级今后应严密自己的组织，扩大自己的组织，切实联合农民、联合小商人、学生及社会上一切革命民众，建立联合战线，进行中国的革命。”

在上海总工会的报告中，从与帝国主义和军阀的争斗，与大资产阶级的争斗，与小资产阶级的小商人、学生等建立联合战线的事实中，说明大资产阶级的本身具有很大的矛盾性：一面想摆脱帝国主义经济的和政治的压迫，他方面又恐怕工人阶级的抬头。当其与帝国主义冲突的时候是革命的，当其压迫工人阶级的时候就是反革命的。帝国主义要缓和革命运动，有时可以向大资产阶级让步；大资产阶级要压迫工人阶级时，马上可以和帝国主义妥协。所以工人阶级一面要利用大资产阶级与帝国主义的冲突，并且要促进他的冲突；同时，另一方面要监视大资产阶级的妥协倾向，毫不客气的攻击。小资产阶级在经济上不但受帝国主义的压迫，并且受大资产阶级的压迫。所以他在国民革命中，自然有革命的要求。然而因为他的本身不能有强固的组织，又顾虑到生命财产的危险，同时大资产阶级又用种种威吓利诱的手段来勾引他，所以他对革命的行动常常发现犹疑恐惧、徘徊瞻顾的态度。所以要使小资产阶级站稳革命的地位，使革命的联合战线不破裂，全靠工人阶级在行动中、斗争中，不断的去影响他、督促他，才有可能。

在省港罢工的报告中，证明帝国主义、军阀和买办阶级，完全是三位一体，这是在国民革命中要同时打倒的。又证明工农的联合巩固了广州的国民政府，打倒了军阀和反动派，帝国主义也受了莫大的损失。所以工农的联合巩固，是国民革命成功的惟一的保证。

在总策略的决议案里，大会指明“五卅”后与“五卅”前中国工人阶级的不同的地位，提出工人阶级最近之目的在求经济改善与自由，而责任则在促成帝国主义与军阀之死亡。又指明工人阶级之组织形式，一为政党，一为工会。政党乃阶级的最高组织，工会须从原始的简单的形式，进而作严密的团结。又确定与农民的亲密携手及与城市中各阶级革命民众建立国民革命的联合战线。

大会一方面指出工人阶级在国民革命中之地位，另一方面亦警告惟有广大的组织与革命的联合战斗才能达到目的。在组织方法决议案里，详细说明各级下层组织、工厂支部、支部干事会、工厂委员会、产业联合会会议、秘密组织等的规律和实际。在经济斗争问题里，提出最低限度工资与最高限度工时、劳动保护、改良待遇、优待女童工等目标与进行步骤及斗争的指导和经验的交换。罢工战术的决议案里，说明在经济罢工的时候，要引导向政治的路上走，在政治罢工的时候，要注意工人经济的要求；并分析罢工的性质、决定的条件、准备的步骤、注意的问题、敌人的破坏之估计等等。这些都是工人阶级在五卅运动的长期争斗中得来的宝贵的经验，大会已经把他总合起来成为以后斗争的教训与策略，这是大会的第一个成绩。

大会认定在五卅运动中中国工人阶级与世界工人阶级的接近，已使帝国主义惊惶失措，所以东方工人阶级的争斗与西方工人阶级的争斗完全联合一致的时候，便是帝国主义死亡的日子。但是东方工人阶级还在很幼稚很散漫的时候。所以第一步必先使东方的工人阶级亲密的联合起来。所以大会特别发表宣言，号召远东工人大会，期在此大会中，决定东方工人团结一致的方法，然后再谋世界工人的总联合。并对于赤色职工国际统一战线的策略，表示完全拥护。这是大会决定中国工人阶级与世界工人阶级联合起来的惟一的策略。

又大会以省港罢工的胜利与全国工人阶级有莫大的关系，全国工人阶级认定应极力拥护省港罢工，并决定许多具体的援助省港罢工的方法。对广东的工会运动，认定工会统一是目前工会的主要工作，然而这种统一运动要注意下层的工作，不可以专做上层的机关的联合，只有统一的热望在群众中普遍了的时候，真正的统一才有实现的可能。成立了一个对广东工会统一问题的特别决议案。对上海的工会运动也有很重要的决定。所以此次大会对于当前的几个重大问题，都可以说有很大的努力和成绩。我们相信各地工会如果很正确运用这些决议，中国的职工运动，中国的革命运动，必能有很大的发展。

第三次全国劳动大会已经过去了，并且有很好的决议，但是将来在事实上，在革命的进程上，能否表现出他的成绩，就要看各地工会能否正确的运用这些决议。全国的工友们，全国工人阶级的领袖，这就是我们大家的责任。

（中华全国总工会中国工人运动史研究室编：《中国工运史料》，第 2 期，工人出版社，1981 年，第 41–50 页）

劳动大会闭会后

献　声

全国第三次劳动大会，其最初召集之意义，盖为检阅劳动者之力量，并坚固劳动者本身壁垒，及齐一劳动者之战线。吾人在劳动大会开幕时，即曾致无限之颂祷、希望。此第三次之劳动大会自经此次集会后，更加增厚其力量，而在国民革命之程途中，尤有更新更热烈的新纪录。盖吾人固承认五卅运动，粤港罢工运动及反奉之联合战线，均为劳动者——工人的成绩，而工人有此成绩，则为第二次全国劳动代表大会的收效。虽反奉之战线，卒被军阀之联合战线所击破，然而此特工人本身力量未坚厚。换言之，即第二次全国劳动大会所未竟功之一部分的缺憾也。故吾人对于全国第三次劳动大会，实含有无限希望：第一，吾人希望此第三次劳动大会，即能将以前之缺憾消去；第二，吾人希望在第三次劳动大会后，劳动者在革命战线上，能更奋勇，更团结的前进。现在，劳动大会已于昨日闭幕了，吾人所祝颂劳动大会者，吾人所希望劳动大会者，亦即于昨日而开始。

在劳动大会之会期中，吾人读其议决案，已知劳动大会的代表，备极努力，如议决案中之工农兵大联合案，组织问题及其运用方法决议案，职工运动总策略及罢工战术，此均为第二次劳动大会所未竟之工作，而在第三次劳动大会所亟应工作者，今大会能一一完满通过，故吾人深知此第三次大会后，劳动者之壁垒，已比以前坚固，劳动者之力量，已比以前加厚。

现在，大会已闭幕矣；各省之代表亦可以归去实行大会之议决案。然而，吾人于此，有亟望于各代表者。夫反奉之失败，乃由于联合战线之破裂，而联合战线之破裂，乃由工农组织未曾坚固，倘使工农组织而能坚固者，则反动势力虽强，亦易摧灭，断不至酿成今日北方之反动局面也。今北方政局，已入于最黑暗时代，此正为国民革命最应努力之时；而亦为革命之中心力量之工农阶级更应向敌人剧战之时也。故吾人在今日，所最要者，则宜认清楚前此之失败缘因，务必努力实行今次大会之议决案，而使工农阶级之力量立刻坚厚起来，以向反动势力进攻。

（广州《民国日报》，1926 年 5 月 13 日，第二版）

中国劳动运动之史的发展（节录）

高振青

第三次的全国劳动大会是于一九二六年在广东举行的，出席者五百十四人，代表了一百二十六万四千的有组织劳动者。大会通过劳动阶级及工会的关系，继续对帝国主义为不妥协的争斗等议案。劳动阶级之经济的要求，由大会很具体的作成了，要求国民政府制定法律强制资本家实行八小时工作，最低工银等。

这次大会最重要的决议是召开泛太平洋劳动大会。

它的目的是在促进太平洋沿岸诸国的劳动阶级及工会和中国劳动阶级间的联合战线以及同国际劳动运动建立密切的关系。

国民政府的北伐军自广东出征以来，劳动阶级及工会在中国革命上所表演的作用怎样地伟大，那是谁都知道的。汉口、上海、南京等重要都市的占领要是没有他们积极活动的话，决不会这样的容易而迅速。然而国民政府和劳动阶级的关系，后来不幸渐渐恶化了。

（《流沙》，第四期，1928 年，第 106−107 页）

1928年—1930年中国职工运动状况
（节录）

罗章龙[*]

自“二七”到一九二七年武汉“共产时代”，证明中国工人运动是遵照国际工人革命运动的历史法规勇猛地向前发展的时期。一九二二年第一次劳动大会有组织的会员二十四万人，一九二五年第二次劳动大会为五十万人，一九二六年第三次劳动大会为一百二十四万人，一九二七年在武汉举行第四次劳动大会时期则激增至二百八十四万人，从这个飞跃的步骤中可以看见中国工人运动的发展已成为一种不可抵抗的伟力，它确已缩短历史行程，在革命中起了积极的领导作用，它成为一九二五至一九二七年中国大革命的主干柱石，世界赤色职工国际的强大的支部。这是人们都承认的。

话虽如此，但是我们绝不能因此便忘记了当时政治上机会主义领导所做的种种错误，在广州第三次劳动大会的时候，右倾机会主义的思想便开始向工人运动进攻。在那次大会场上机会主义者为巩固与资产阶级的联合战线，连“阶级斗争”四个

* 本文发表时，署名：文虎。

字都不敢说。

（中华全国总工会中国工人运动史研究室编：
《中国工运史料》，第 23 期，工人出版社，1983 年，
第 105–106 页）

报刊报道

赤色职工国际派员参加中国第三次劳动大会

同行者有各国工会代表

本年五月一日为劳动节，中华全国总工会决定召集第三次全国劳动大会，刻正积极进行，闻莫斯科赤色职工国际，已决派人前来参加，据苏联社廿五日莫斯科电，莫斯科赤色职工国际中央理事会关于中国民族运动，及东西职工运动联络之重要，已结定派代表团参加，行将举行之中国职工大会，代表团由欧美各国职工领袖组织，已结定者有职工国际总秘书兼全俄职工会中央理事会会员洽索甫斯基，英国职工会左派执行委员汤漫安，法国劳动总同盟秘书拉克孟，俄国金工联合会代表李布西，及美国左派职工代表一人，届时必有一番盛况也。

（《工人之路特号》，第二百八十四期，
1926 年 4 月 8 日，第三版）

第三届全国劳动大会将在粤召集

由中华全国总工会召集
已设立筹备处从事筹备

全国劳动大会自十一年“五一”节召集第一次大会，去年复召集第二次大会，至今已历一年之久。在此一年中间，中国工人运动有伟大之进步，尤其是“五卅”之后，全国职工运动，要从事实上表明是国民革命之主力军。现本年“五一”劳动节又到，中华全国总工会为考察全国职工运动状况，作一总结算，并规划以后全国职工运动方略起见，决定于本年“五一”节在广州开第三次全国劳动大会。昨日中华全国总工会关于此事特召集执行委员会会议，决定组织筹备委员会，委员为刘少奇、戴卓民、陆沈、孙良惠、刘尔崧等五人，即日开始办事，并发出致赤色职工国际，苏联、德、法、英、日、印度、爪哇、菲律宾各国工会，请其派员参加，并致全国各工会准备代表列席。中华全国总工会以此事重大，特派员与国民党中央党部商量，共策进行。闻国民党中央党部谭延闿、陈公博，以此事甚关重要，愿以全力帮助总工会，并有详细电报，致该会上海办事处转电北方各工会从速准备选派代表届时到粤云云。

（《工人之路特号》，第二百八十五期，
1926 年 4 月 9 日，第三版）

全国工人与此次全国劳动大会
——应速选派代表参加

蓝裕业*

自“五卅”到现在整整一年中间，中国革命潮流已奔腾澎湃于全国，中国的工人阶级是此运动中的主要角色，每次运动无不有工人参加，因为工人之积极地参加。全国革命运动，固日加进展而工人阶级本身亦日加发达。全国产业工人已差不多完全组织起来了，一切手工业工人都与产业工人同昂起头来为阶级利益而战，向剥削阶级攻击了。工人阶级能够有如此进步，固然是客观上之推迫不得不前进，一方面也是去年第二次劳动大会的结果。距劳动大会闭会后不上三星期全国如火如荼的五卅运动便爆发了。

工人阶级唯一之力量便在于团结，全国自五卅运动后已增加无数有组织工人，应该由此作一更大的全国的团结，以增加我们力量，而且在一年当中各地都有剧烈的争斗，在应付各个特殊环境当中，工人阶级已得过无数之经验。应当借此大会贯述出来，供全国工友之参考，讨论一个对付敌人的总策略。况最近正是帝国主义与其走狗更凶猛的进攻民众之时，全国工人

---

* 本文发表时，署名：裕业。

应当承此时机，检阅自己力量，更勇敢的向敌人反攻。

工友们！经过去年全国第二次劳动大会决定了新策略之后，我们工人阶级一年来奋斗行为，已取得国民革命主力军地位，中国工人之英勇，已震动了全世界。从现在情境看来，我们与帝国主义及一切敌人作最后决斗时候已到，到来不是我们最后取得胜利，便是帝国主义奄有全世界。我们必须派代表参加此次全国劳动大会，集中全国工人力量，为一大团结，以取得最后胜利！

第二次劳动大会之后，便有“五卅”的大运动，第三次劳动大会之后，一定有比“五卅”更大的运动，中国工人阶级由此完成国民革命与世界革命！

（《工人之路特号》，第二百九十五期，
1926 年 4 月 19 日，第一版）

全国劳动大会筹备消息

（一）

拟为全国工农运动死难者立碑
各省代表抵沪

全国总工会日来筹备第三次劳动大会，着着进行，已志昨报，昨日关于筹备事项，尚有数事可纪者：（一）拟为全国工农运动死难烈士建立纪念碑，全国总工会决于“五一”节为帮助工农运动最力之廖仲恺先生立碑，已召匠建造，又以数年来为工农阶级牺牲之烈士已不下数十人，如施举、林祥谦、黄爱、庞人铨、刘华、高克谦、李慰农等，此等烈士，皆曾为工农阶级尽其忠勇而牺牲流血，故中华全国总工会亦拟建一纪念碑于全国总工会门前，与廖仲恺先生纪念碑同时举行奠基典礼；（二）中华全国总工会自于本月初决定召集第三次全国劳动大会，发出致全国各工会，请选派代表赴会后，昨得上海来电，日来各省工会代表已陆续抵沪，候船来粤，务于本月底赶到省城云；（三）此次大会，为全国工人大团结集合，故中华全国总工会拟于此日作一全国职工运动，极详细之报告，全国总工会办事人日来正纷纷准备各部分之报告，为全国职工运动状况及全国工会各种统计，颇为详尽云，又以劳动大会开幕日，需人员甚多，故昨特致函省港罢工委员会准备派油印执务八人，交通五人，招待五人，布置场上纠察十人，于大会时来襄助一切云。

（广州《民国日报》，1926 年 4 月 21 日，第三版）

（二）

代表纷纷报到……分配各部工作

中华全国总工会，日来对于第三次全国劳动大会认真筹备，各职员办公状甚忙碌，兹将昨日所闻录之于下：（一）大会会期为时已近，各地代表投到者，络绎不绝，除昨报披露外，兹又探得续报到者，有下列各处工会代表，广东白铁总工会白驹，广宁县工人联合会陆九，饶平县缝业工友江于航，广州酱料凉果工会林子光，广东玻璃总工会胡森，广三铁路总工会何根，广东织造土布工会严福恩，广州手车夫工会孙律西、胡国清、麦祐、王丑，香港客栈方言工会熊材，趸船工会莫妹。又据沪讯，各省参与劳动大会代表，连日抵沪者颇伙，上海印刷总工会代表王雷信、徐美楚、蒋冲领、钟品仙、倪痴亚等五人，准于二十日起程赴粤云，大约今明两日当有大批代表抵埠也；（二）该会昨日上午十时举行全体职员会议，由刘少奇主席，讨论分配各部工作事件，历时颇久，其后结果如下，事务处正主任李森，副主任孙良惠，书记冼一宇，招待主任戴卓民，招待员刘瑞、吕汉泉、杨瑞轩、周福、罗伟、王瑞生、何务光、莫钊、袁松、彭松福（尚有女招待员十人，容定夺后再披露姓名），布置袁超德、车兴、钟有业，会计庶务主任黄国良，文书部主任赖玉润、李天民，收发谭奇英、马佐文，抄写李宝中、张功弼，油印陈国珍、萧光球，记录罗伯良、李国光、何庆绵、李南生、丘剑，翻译龙业鼐，西文翻译（未定），登记李天民，统计陈国柱，宣传部（未定）。

（广州《民国日报》，1926年4月27日，第六版）

（三）

昨日有大批代表报到
各工会纷纷表示拥护劳动大会

中华全国总工会于“五一”劳动节召集第三次全国劳动大会，现距开幕之期甚近，各项布置，大致就绪，兹将昨日所得消息二则，录之于次：（一）连日各地工会代表纷纷报到，大有山阴道上应接不暇之概，昨二十七日报到者姓名如下，清远总工会黄茂周，香港海陆理货总工会黄钊，香港京果总工会伍汉易，香港金属总工会沈润生、袁松、冼一宇、罗珠、周颂年、袁超德，香港酒楼杂务公余工社詹丽波，香港天面胶纸马路腊青工会李换卿，侨港中荷研究工会潘衡石，汽车工会林筱三，侨港搭棚行同敬工会陈海，广州皮革呦箱工会段祐之，广州瓜菜工会联合会萨郁云，广州糖果工会周景文，粤汉铁路总工会陆枝，广州白铁工会梁珍，广东玉石总工会许亮、陈霖，省港工余总工社梁鹏飞，省佛鲜果咸货工会温少屏，广东优界衣杂箱工会曾国辉，上海浦日华纱厂工会赵子良、丁英子，上海浦东东祥生铁厂工会朱荣生，上海内外棉纱厂第五东场代表李天涯，上海内外棉纱厂第七厂女工周其全，上海内外棉纱厂第十五场代表鲍孝良，上海码头总工会朱步景、蒋鸿儒，上海海员分会朱宝庭、史济庆，胶济铁路总工会于伟功、刘俊才，济南鲁丰纱厂工会武竹亭，淄川炭矿工人俱乐部李子珍，津浦铁路渝南分会薛文瑛，青岛纱厂总工会匡伯馀，上海纱厂总工会李三妹，天津京奉铁路总工会天津分会刘锡贵，天津北洋纺织工会李培民，津浦铁路总工会天津分会张耀庭，天津至成纺织工会刘午潮，天津总工会陶卓然，京奉路总工会李华天，京奉路康山分会赵武，全国总路总工会邓培，孙云鹏；（二）劳动大会宣传队自出发演讲以来，收效颇钜，昨据宣传队报告表示热诚拥护此次劳动大会者，又有下列各工会，沙基天源街糖面工会，广州杂务工社，沙基真光公司职工俱乐部，西堤大新职工俱乐部。

（广州《民国日报》，1926 年 4 月 28 日，第六版）

（四）

大批代表已报到……罢工会开欢迎会

廿九三十预备会……确定宣传部职员

第三次全国劳动大会，瞬将开幕，全国总工会日来筹备，极形忙迫，兹昨日探得消息，分录如后，以饷阅者：（一）连日各地工会代表报到者，异常踊跃，昨二十八日代表报到姓名抄录如下：南洋机业工团车衣工会陆平一，马来半岛和荷属共壹八工会曹俊升，广州染碽工会易海山，理发工会欧阳海，杂务工社劳超，酒楼茶室总工会叶璋、练胜、申耀、林钧、容威，锡器工会易海山，贩烟工会张声荃，洗衣工会朱耀墀，优界普福工会潘士龙，酒业工联会毕祺一，柴炭工会黄嘱刚，颜料工会黎培生，真光俱乐部先施俱乐部萧式敏，水烟筒同业联合会朱耀堂，锦纶织造工业联合会关兆康、洗平、常镇，菜栏工会朱良，茶叶集成总工会胡荣，侨港玻璃工会麦文甫，香港同乐工会郑显，通波呦帽工会蔡卿浦，侨港铜器总工会冼树南，侨港油业工会振华工会韦清，侨港集贤起落货工会黄巨州，侨港酒楼总工会李春泉，广州面粉茶馆工会伍兆，火柴厂工会李伯方，铜饿工艺社刘允光，漆务工会刘树，同德工会何森、钟卓、钟耳、黄保、杨开、冯保、袁希、黎树，义安工会同安工会黎栋轩；（二）省港罢工委员会以此次劳动大会在广州举行，国内工友均长途跋涉，踊跃参加，不胜敬仰之至，拟联络广州各工会开一欢迎大会，藉表微忱，闻已定期三十日云；（三）总工会以各地代表连日到者甚夥，且会期逼近，一切事项，亟应商确，以便进行，昨特通知各代表于廿九三十两日在中央党部开预备会，讨论大会一切进行事项；（四）劳动大会宣传部职员，昨始确定，兹录其姓名于下，主任罗章龙，编辑蓝裕业，校对王剑一、李南生，发行萧光球、周荣生，新闻记者俞寄浑；（五）总工会昨日致函广州总工会，请其参加劳动大会云。

（广州《民国日报》，1926年4月29日，第三版）

（五）

昨日代表报到仍甚踊跃
宣传部决定发行会场日刊

第三次全国劳动大会，定于“五一”节开幕，现各项筹备，均已就绪，兹将昨日调查得者，志之于下。日来各地工会代表报到者，甚形踊跃，约计已达百余人，昨日又有大批代表报到，姓名录后：广西大黄江工人联合会邓誉声，广西机器工会梁鹤龄，梧州革履工会李炎荣，广西工会第一分所赵竹波，广西民船工会蔡美利，梧州理发工会陈秋波，中华内河轮船桂省第二分会钟山，上海总工会孙良会、刘贯之，海员工会朱宝庭、周福、史济春，广州宰贩牛业联合会黎汝宣，石印总工会曾如松，广州河绸布匹店员工会潘青萍，摄影工会刘渭全，车衣工会吕汉泉，新旧土洋杉兼木工联合工会陆坚，派报总工会刘合芳，邮差总工会伍天德，土木建筑总工会李绰珍、杜伟，洋服工会□锡洪，广东辗谷工会施卜，伦实纸业工会叶有枝，菜栏职工会何绮秋，五邑船艇工会华周，制造纸盒工会门敬之，洋服总工会原有练，起落货总工会邓荃生，扫把益成工会廖连，海员工会岑灿明，织造衫袜工会梁裕芬，炮竹工会刘忠，大新公司职工同人俱乐部叶锡祥，糖面工会何锡，当按押店员工会祁仲齐，界木工会梁少鸿，联锦新衣工会叶华周，土洋匹头工会林执中，帆船工会郭华胜，侨港恒和祥工会刘瑞荣，香港运输工会海面货船工会吴耕云，潮阳县总工会二十一工会姚荷伯。又该会宣传部昨日上午决定颁行会刊一种定“五一”出版，每日印刷一万五千份，内容专刊载关于此次劳动大会文字，闻并约定名流撰述文字，内容定大有可观云。

（《工人之路特号》，第三百零六期，
1926年4月30日，第三版）

工农两大会在“五一”节联合开幕

蓝裕业*

去年“五一”节第二次全国劳动大会在广州开会，恰巧那时正是广东全省农民协会第一次代表大会也在广州开会，两会曾开联欢会表示亲密，劳动大会且有工农联合决议案，说明要中国革命成功，必须工人阶级与农民紧紧地联合起来。时间易过，又一年了。今年“五一”节，中华全国总工会所召集之第三次全国劳动大会，与广东省农民协会所召集之全省第二次代表大会也同时在广州开会，两会已决定联合开幕，真是一堂济济，工人与农民愈见亲密了。

本来农人是工人最好的革命伴侣，工人在城市受资本家的剥削，农民在乡间则直接受大地主，劣绅土豪的剥削，间接受资本主义的剥削，两者的目的，都是企图革命之完成，在资本主义经济制度之下解放出来。因此工人如果要达到他的胜利，必须与乡村贫苦农民结合。同时我们又知道，乡村农民因经济之困苦，文化特别低落，有阶级觉悟的工人，必须特别与农民以利益，领导农友作种种争斗，革命势力才特别扩大，而臻于成功。

* 本文发表时，署名：裕。

在中国方面来说：工农是同在一样被压迫最深的地位，两者的敌人，如资本家、帝国主义、军阀、大地主、贪官，差不多相同；资本帝国主义压迫工人亦压迫农人，军阀打杀工人亦打杀农民，两者尤特别有联合之必要。农民占中国人民之大多数，差不多有百分之七十五，是广大的革命群众，革命之成功靠工人阶级与农民之合力，是无疑的。

现在工人阶级与农民之结合已一天一天亲密了，我们由此知道：中国革命势力已日益集中，成功之期将不远了。

（《工人之路特号》，第二百九十八期，
1926 年 4 月 22 日，第二版）

全国总工会通告各工会选派代表参加劳动大会

中华全国总工会昨因劳动节在即，特致函广州各工会，着一致参加云，广州工人代表大会执行委员会，广东总工会，机器工会并转各工会及全体工友公鉴，此次全国劳动大会集全国工会代表于一堂，讨论一切关于我工人阶级本身，及参加国民革命诸大问题，其意义之重要，迥异寻常，当此帝国主义与奉直军阀联合进攻，而北方反动政局正开始之际，全国人民尤应一致团结，打破此眼前阴恶环境，才能得到一条出路。我工人阶级，为国民革命中之主要元素，值此世界工人“五一”大节，吾人正应实行大检阅，集中力量，并联合各阶级，被压迫民众，一致向我们敌人反攻，我们在此大会上，要拥护国民政府，促其克日出师北伐，统一中国，建立全国统一的国民政府，此等责任，何其重大，故我们工人阶级，均应积极参加此次大会，然后才能达到此种目的。现在北方及长江一带工会代表，已继续抵粤，务望贵工会等，立即选派代表，参加大会，共同奋斗，盖此次大会，不论在任何方面——阶级的，民族的，各种利益着想，全国工会均有参加之必要，万不宜有所放弃，当为贵会诸工友所深切了解者也，并祝努力奋斗。

中华全国总工会启，四月廿七日

（广州《民国日报》，1926年4月28日，第三版）

“五一”纪念宣传大纲

五月一日，是全世界工人的一个纪念日。全世界工人要求解放，反抗压迫阶级的一个纪念日，缘自资本主义承继农业时代而占领了世界后，资本日为累集于少数资本家之手。结果，如是大多数的人，被逼到无产阶级的地位，变成被压迫、被剥削的工人，这多数的工人，在这资本主义狂烈的发展之下，痛苦、艰难亦随着资本主义的发展而见增加，在这种严重压迫之下，遂促着工人要求解放和自由的自觉，更使他们看清了全世界工人利害一致的地位，坚强了他们的团结，一千八百八十六年五月一日，美国全国工人举行大罢工，游行示威，提出工作八小时，教育八小时，休息八小时的要求，自此次事件发生后，很快影响于欧洲各国的工人阶级，五月一日的示威，亦由美而推及于各国，一八八九年第二国际会议决定为世界工人的节日后，“五一”遂变成全世界工人的大联合、大示威的节日了。

以后八小时制虽在些少国家亟见实行，但工人的压迫在这种狂烈的资本主义发展之下，痛苦未因此而见减少，反日见增加，尤其自欧战后，资本主义日见动摇，如是工人和资本家之冲突，更日见猛烈，从这猛烈的冲突中，更使工人觉得资本家的罪恶了，“五一”节日，是全世界工人大结合，一面向压迫阶级示威和表示奋斗的决心，一面检查自己的力量的日子了。

我国自鸦片战争后，西欧资本阶级的淫威，渐及于我国了，尤其在欧战后，中国的人民，尤其是在工人阶级，亦日处于水深火烧之中了。帝国主义在我国直接的摧残和压迫外，他还利用他的工具——军阀、官僚及一切反革命派，来压迫和破坏我们的组织与运动。在“二七”、“五卅”后，他们从各次工人奋斗中，已认识工人的力量可怕，如是在他们的可怕中，对工人之摧残和压迫更加利害。

因此，“五一”在我国的意义不只是工人争八时制的运动日，是争一切的自由解放的日子，不只是工人的劳动节日，实是一切民众反帝国主义及其工具的运动日，也可以说是全世界的被压迫阶级及帝国主义大联合，总同为全世界工人及弱小民族同处于帝国主义压迫之下，我们要打倒这压迫阶级，不独要全国的民众联合起来，全世界的工人及弱小民族皆应大团结起来示威的日子中！所以我们在这一天，要在各种集合和各种民众宣传，大家起来，参加反帝国主义的战线，尤其是我们工人阶级，更应该慰续着“二七”和“五卅”的精神，坚强的团结，参加各种民众反帝国主义的战线，打倒压迫阶级。

中国第三次全国劳动大会于此一日开幕了，此次会议是能从去年反帝国主义者各次血战中的经验得着很多确实的战策上的决定，我们要热诚的拥护。

在此日我们提出的口号：

一、工人有组织工会的自由！

二、实行八小时工作制！

三、速颁布工会条例！

四、中国第三次全国劳动大会万岁！

五、拥护中华全国总工会！

六、全世界工人阶级联合起来！

七、农工联合万岁！

八、全世界被压迫民族联合起来！

九、工农兵商学大联合！

十、人民应有言论出版集会结社之自由！

十一、巩固全国各界反帝国主义联合战线！

十二、与世界工人阶级建设反帝国主义的战线！

十三、打倒帝国主义及其工具军阀官僚工贼及一切反革命派！

十四、拥护国民政府！

中华全国总工会

（《工人之路特号》，第三百零五期，

1926 年 4 月 29 日，第一版）

香港运输工会联合会执委干事会议情形

决定派出代表参加全国劳动大会

昨廿八日一时香港运输工会联合会执行委员会，召集干事开会，讨论会务进行，到者十一人，主席苏兆征，先讨论干事分配工作问题，决议以此次各工会派出之干事，尚未到齐，俟下次到齐，乃能分配，次财政报告，由夏佐乾报告（将另有报告书），再讨论执委办事办法，决定由执行委员会轮流值日，另由干事局长夏佐乾，常川在会，指挥及接洽一切，最后讨论选派代表，出席劳动大会问题，决议由所属工会各依定例选派，惟皆用香港运输工会联合会代表名义，并即通告各工会，着即日选出，不可迟误，其余尚讨论买置办事处家私，及雇用书记杂役等问题，至三时许乃散会。

（《工人之路特号》，第三百零五期，
1926年4月29日，第二版）

第三次全国劳动大会第一次预备会情形

秘书长报告筹备经过
通过会议规则

第三次全国劳动大会昨日假座中央党部礼堂开第一次预备会议，到会代表百余人，首由秘书长刘少奇报告筹备经过，略谓。召集第三次大会有三种重大意义，一、检查过去一年奋斗所得之经验；二、决定将来进行方针；三、改选中华全国总工会职员，此次大会开会地点本拟在北方举行，但因政局关系，最后决定依旧在革命根据地广州开会。自筹备以来，因时间迫促未能十分完全，筹备会接到来往函件百余件，发出公函通告约有二十余件，并曾由全国总工会派代表到广东总工会接洽，并招待机器总工会代表，结果甚为满意。关于宣传方面已在本市及各省报纸发表新闻，拟定宣传大纲，招待新闻记者，发出宣传后到各工会演讲；经济方面，各代表交来百余元，蒙国民党中央党部帮助三千元，现已交来二千元，此外还有二件特别事项，就是在中华全国总工会门前，竖立廖仲恺先生纪念碑及全国职工运动死难烈士纪念碑约需一千六百元，摄影活动电影约费七百元左右云，其次通过“五一”节传单标语，及致中国工人电；三、[①] 组织代表团问题，计广州、香港、广东各县、上

① 原文序号如此。

海、湖南、湖北、天津、汉冶萍、北京、河南、铁路工会、海员工会、北方各地、外国，均各组织一代表团；四、通过会议规则；五、大会在“五一”节之表示，全体会代一致参加“五一”大会，并通知各工会工友一律参加，并敦请名流是日到会讲演，以示庆祝，各代表另无提议，遂宣布散会，闻各地代表陆续到省，截至上午九时计报到者已有一百七十四人云。

（《工人之路特号》，第三百零六期，
1926年4月30日，第三版）

劳动大会与农民代表大会联合开幕礼节

五月一日劳动节，第二次全国劳动大会[①]及广东全省第二次农民代表大会联合开幕，兹将其礼帖及开幕典礼秩序，预志如下，兹定于五月一日（即旧历三月廿日）下午六时在广州大东门外中国国民党中央党部礼堂，举行中国第二次全国劳动大会[②]，及广东全省第二次农民代表大会，联合开幕典礼，届时敬请莅临指导一切，中国第三次全国劳动大会，广东全省第二次农民代表大会同启（开幕典礼秩序）：（一）开会；（二）奏乐；（三）推举主席团；（四）宣读总理遗嘱；（五）向国旗党旗农旗工旗行三鞠躬礼；（六）纪念革命领袖及农工运动死难诸烈士，静默五分钟；（七）宣布开会理由；（八）致祝词；（九）奏乐；（十）演说；（十一）奏乐；（十二）致答词；（十三）奏乐；（十四）高呼口号；（十五）摄影；（十六）散会。

（广州《民国日报》，1926年4月29日，第六版）

① 原文如此，应为第三次全国劳动大会。
② 同上。

全国劳动大会消息

（一）

第一次预备会之情形
职工运动死难烈士碑文

第三次全国劳动大会，连日到各地代表正夥，昨日上午十二时，为磋商大会一切行进事宜，特于中央党部大礼堂开第一次预备会，列席者一百七十余人，由刘少奇主席其议事日程。（一）摇铃开会；（二）主席宣布开会理由；（三）筹备委员布告筹备经过情形；（四）通过大会传单标语通电等；（五）组织代表团；（六）通过会议规则；（七）大会在“五一”节之表示，主席报告完毕，互相讨论，其结果如下：（一）告工友告农友传单及开幕通电，均照原稿通过，原文另横；（二）代表团组织分配，广州市、党港、广东各县、上海、湖南、湖北、汉冶萍、天津、北京、河南铁路工会、海员工会、北方各地、外国等处，各组织一个；（三）会议规则，略为修改文字通过；（四）“五一”节日全体代表参加游行，由筹备会通知广州各工会，一致参加，并敦请名流在东郊场演讲，又开会为纪念职工运动死难烈士特建一纪念碑，藉志铭感，兹将碑文录下，俾读者先睹为快，中国职工运动为期不过数年，其进步之速，欧美尚有不及者，中国工人不仅为本身经济利益斗争，并进而为全体人民自由而斗争，更进而为全体民族解放而斗争，无处不立在前线，而与帝国主义军阀买办阶级奋斗，今则确然为国民革命运动中之中坚势力矣，五卅运动之波动全国，省港罢工之十月坚持，皆其例也，何以致此之由，固由于全体工友觉悟程度之普遍，与深入革命精神之焕发，与激越而死难烈士以鲜血相鼓荡，实使进步之要因也，此等烈士，尽皆为工人最信仰之领袖，最勇敢之战士，为谋群众利益，而视死如归，举其大者，湖南纱厂罢工，而黄庞死，香港海员罢工，而沙田六工友死，京汉铁路罢工，而林祥谦、施洋等四十余人死，去年五卅运动起，死者更繁，上海有顾正红、刘华等，青岛有李慰农等，安源有黄静源等，正太有高克谦等，天津、河南以及省港罢工纠察被害者，尤难指数，呜呼烈矣，诸烈士以鲜血为吾等开辟一解放之光明大道，今死者虽不能复生，然吾等后死者，必为其复仇，以尽其未竟之志，并赡其家属，稍慰诸烈士之灵，本大会于肃致意哀恸之余，抆泪立碑，以彰前烈，且志不息，烈士姓名，刊刻于后，中国第三次劳动大会。

（广州《民国日报》，1926 年 4 月 30 日，第三版）

（二）

第二次筹备会之情形

第三次全国劳动大会昨日上午十二时开第二次筹备会，列席者二百余人，议事日程：（一）组织审查代表资格委员会；（二）推举大会主席团；（三）组织秘书厅；（四）代表之表决权问题。

摇铃开会，推举刘少奇为临时主席，讨论情形如下：

（甲）组织审查代表资格委员会案，推定王朗樨（广州）、周树垣（香港）、张佐臣（上海）、赖炎光（潮汕）、孙云鹏（全国铁路工会）、唐汉（海员）、李梓贞（北方各地）、陆九（广东各地）、钟山（梧州）、傲仙瑞（湖南）为审查资格委员。

（乙）大会主席团，推定下列各人，陶作然（天津）、许世光（湖北）、苏兆征（海员）、郭笔俊（梧州）、萧式敏（广州）、袁福青（湖南）、郑绍山（铁路）、王亚章、邓中夏（全国总工会）、张春奇（潮汕）、冯敬（香港）、卢星三（山东）、李立三（上海）、叶章（广东各县）。

（丙）组织秘书厅，共分三部：（一）事务部；（二）文书部；（三）宣传部，推定刘少奇担任秘书厅长，陆忱[①]、黄平、赵士炎[②]担任副秘书长。

（丁）代表表决权问题、决议，凡满二百人以上者，以人数多少为比例，议完上列各案，又举定下列各人为第三次全国劳动大会名誉主席，汪精卫、蒋介石、鲍罗廷、谭延闿，及外国派来代表。

（《工人之路特号》，第三百零七期，
1926 年 5 月 1 日，第三版）

① 此处即陆沉。
② 此处即赵世炎。

罢工会筹备欢迎劳动大会代表

通函省港各工团代表
今日在东园开筹备会

第三次全国劳动大会代表连袂抵省，皆各地工会领袖，济济跄跄，盛极一时，省港罢工委员会现特发起欢迎大会，联合广东总工会、香港总工会等，定期欢迎第三次全国劳动大会代表，以尽地主之谊，兹将罢工委员会通告各工会原函录下，径启者，查第三次全国劳动大会行将开幕，各地来粤代表已有多人，我省港工人似应开会欢迎，一尽地主之谊，现本会定于本月三十日下午七时，在东园遍请各工团代表开一筹备会，敬希贵会选派代表依时出席，会商办理为荷，此致广州总工会、广州工人代表会、机器总工会、香港总工会、省港罢工委员会启。

（广州《民国日报》，1926 年 4 月 30 日，第七版）

全国劳动大会会议规则

第三次全国劳动大会会议规则：第一条，本会选举主席十五人，组织主席团，本会议事日程，由主席团编定；第二条，必有各该工会正式证书，经审查合格，由本会发给出席证之代表，才有表决权，凡有过半数代表之出席，即为正式会议；第三条，每一代表有一表决权；第四条，各种议案，经出席代表过半数之表决通过，即为议决案；第五条，凡临时提案，须有三人以上之附议，方得成立议案，由主席交会议讨论；第六条，讨论某一议案时，每代表发言，以三次为限，第一次廿分钟，第二次十分钟，第三次五分钟（但翻译时间不在此限）；第七条，代表发言时须起立，不能两人同时发言，如有争论时，由主席临时指定发言之先后；第八条，会场秩序，由主席维持，如有扰乱会场，由主席选派人扶出会场，再提交会议处置；第九条，议案表决法，由主席临时决定；第十条，表决议案如赞否人数相等时，则取决于主席；第十一条，会议时间，每次以三小时为限，但遇必要时，主席得延长之；第十二条，会议时，各代表非有要故，不得离席，如离席时，须经主席特准；第十三条，本规则经大会通过后即发生效力。

（广州《民国日报》，1926 年 4 月 30 日，第十版）

第三次全国劳动大会开幕通电

各报馆转全国各界男女同胞公鉴：

中国第三次全国劳动大会本日与广东第二次省农民代表大会在广州同时开幕，共到工人代表四百余人，代表有组织的工人群众一百一十余万，农民代表二百五十余人，代表有组织的农民群众八十余万，并有英、俄、法、德、美、日诸国工会代表及广东军政商学各界代表参加。会场空气，异常热烈！一致认定现在中国一切人民所受之痛苦，系由帝国主义侵略之结果。工农群众为要解除自己的压迫，惟有联合学生、商人及一切革命民众，实行打倒帝国主义及其工具——国内军阀。大会并认定全世界的工农群众与被压迫民族，都是打倒帝国主义的先锋队。中国工农群众及各国被压迫民众应与之密切结合。中国一切反革命派、买办阶级、军阀、官僚、土豪劣绅、工贼等，都是解放运动中之障碍物，我们应联合铲除之。中国第三次劳动大会及广东第二次农民大会，是继续五卅运动的精神，号召全中国的工农群众及一切被压迫民众向世界上的压迫者恶魔夺回自己应有的权利。望全国的工人、农人及一切被压迫的民众一致团结兴起，向前奋斗！争得中华民族的解放与自由，不达目的不休，中国第三次劳动大会叩柬。

（《工人之路特号》，第三百零七期，
1926年5月1日，第一版）

“五一”节工农两大会联合开幕典礼盛况

会场布置极庄严……来宾与代表至者不下二千人……开会时工农代表演说备极激昂

第三次全国劳动代表大会，与省农民第二次代表大会，于五月一日劳动节日联同开幕。全国各工会到者不下四百人，代表工人凡一百一十余万，全省农民代表报到者亦不下二百余人，代表有组织农民凡八十余万，于昨日上午九时联同开幕。会场在大东门国民党中央党部礼堂，场中布置备极庄严，前门搭牌楼一座，高入云霄，礼堂内中悬革命领袖孙先生像，旁置国旗党旗工旗农旗，两旁大柱分挂丈长之红布，大书各种革命标语，礼堂门首红旗招展，一入其中令人精神为之一振。九时各代表鱼贯而来，工农两会代表及各团体代表不下二千人。十时摇铃开会，由秘书长刘少奇宣布两大会代表人数，及今日主席团姓名，复由主席团推定邓中夏为主席。当请国民党中央代表林祖涵同志宣读孙中山先生遗嘱。次全体起立向国旗党旗工旗农旗行鞠躬礼。复宣布静默三分钟为中国革命领袖及一切革命死难烈士志哀。大众一起立，肃然无声，全场顿显一种哀惨景象。哀止，遂由主席邓中夏宣布开会理由，略谓，今日第三次全国劳动大会与广东全省第二次农民大会联同在此地开幕，吾人一方面感觉无限欢欣，一方面又感觉无限悲痛，回忆我们在去年第二次劳动大会与第一次农民大会后，我们在此一年中在中国革命上曾经有不少努力，广东的工农曾以全力拥护革命政府，削平杨刘之乱，及“五卅”以后帝国主义大屠杀起后北方省港各地工人，更牺牲一切与帝国主义奋斗，广东与北方农民亦叠次起来反抗军阀，全国革命涨流能够如此高潮[①]，工农之力实在不小，足值吾人欢欣。但此次运动中，我们的工友与我们的领袖牺牲实不少，如顾正红、刘华、黄静源、李慰农、高克谦，以及北方及省港罢工我们工友实在牺牲不少，这些损失我们觉得非常哀痛，同时亦愿意继续先烈牺牲精神下去的。此次大会系我们检查我们力量，集中我们力量，同时愿意这个力量与全国各阶级力量联合以打倒帝国主义，打倒军阀，打倒土豪劣绅，完成中国革命云。主席致词毕当由秘书长刘少奇各团体祝词，有中国国民党、中国共产党、中国共产主义青年团等。随请各团体代表演说，首为政治委员会代表林祖涵，略谓今日工农两大会在此联合开幕，国民党国民政府当遵守孙总理遗训，帮助工农发展，并希望工农两大势力联合起来，帮助革命政府，完成中国革命云。次有国民党中央代表詹大悲同志、中国共产党代表彭述之同志，共产主义青年团代表林根同志演说，各代表演说时神情激越，全场掌声雷动，令人血液为之沸腾。尚有团体代表甚多，以时间将近正午须参加是日东郊场纪念大会，遂宣布停止演说，大众乃高呼“国民政府下的五一”是团结一切革命势力反对帝国主义的纪念日，力争八小时工作制，力争工会组织自由权，巩固各界反帝国主义的联合战线，拥护国民

① 原文如此。

政府，拥护省港罢工，打倒帝国主义军阀买办阶级及反革命派，全国工农商学兵联合起来，全世界无产阶级与被压迫民族联合起来，国民革命成功万岁，世界革命成功万岁等口号，各代表齐集，各执红旂一枝，鱼贯前赴东郊场参加大会，大会遂宣告休会云。

（《工人之路特号》，第三百零八期，
1926 年 5 月 3 日，第三版）

工农两大会代表慰问罢工盛况

各代表极口称赞工友奋斗精神

全国工农皆愿为罢工后盾

第三次全国劳动大会及第一次全省农民代表大会因省港罢工十一月，尚坚持不屈，工友牺牲奋斗精神，殊为可敬，大会特决定前来罢工会慰问各罢工工友，一则表示钦佩，及愿为后盾之意，一则因罢工内部组织严密，颇欲前来参观，借供参考。昨日午后□时工农两会代表在中华全国总工会集合，到者凡六百余人，休息十余分钟后即整队前来罢工会，前面有慰问罢工大红旗一枝前导，至东园罢工委员会门前时，罢工纠察队凡千人已整队持枪鹄立表示欢迎，精神抖擞，各代表登时鼓掌，高呼省港罢工胜利万岁，声震周迩，情状异常热烈。罢工委员会当派出招待员招领各代表入训育亭礼堂就座，摇铃开会，由宣布员高湛同志报告开会程序毕，罢工委员会委员长苏兆征同志出席致欢迎词，大致谓今天承各代表慰问，实不敢当，谨代表全体罢工工友表示感谢，我们此次罢工，非完全为工人本身之经济利益，乃是为全民族利益，图反抗帝国主义，使全民族得到解放，罢工以来中途经过困难艰险甚多，但各工友并不因困难而畏缩，更加拼命奋斗，遂得坚持至于今日，而且因罢工工友，能以全力拥护国民政府，遂使革命基础日益巩固，广东遂告统一。现在罢工虽已逾十一月，但工人已决心为求完成国民革命打倒帝国主义，达到第一步之解放，虽巨大牺牲亦所不惜，今日得工农到来，从此我们革命势力，更加密切团结，罢工一定能达到胜利云。报告毕，宣布员朗诵工农两大会慰问罢工书，全场肃然，顿然一种庄严气象，旋相继演说，当有邓少山、卢炳、怡原基、周永杰等，大意皆鼓励罢工工友，继续努力，达到罢工胜利全国工农皆愿为后盾之意，最后由罢工会职员林昌炽答词，语毕大众高呼，全国工人大团结万岁！全国农民大团结万岁！全国工农大团结万岁！全世界无产阶级大联合万岁！省港罢工胜利万岁等口号，遂散会。由罢工会招待员引导各代表整队参观各□公□□，各代表咸啧啧称羡，罢工内部组织完善，一表现无产阶级组织之精神，一工会随出东园门参观纠察操演，各代表见纠察训练有素深为赞赏，拍掌欢呼之声不绝于耳，约历半小时，各代表始整队返寓，已午后五时矣。

（《工人之路特号》，第三百一十期，
1926 年 5 月 5 日，第二版）

金属业总工会拥护劳动大会

香港金属业总工会拥护劳动大会宣言云“团结即是力量”，此吾人所恒言者也。工人阶级，受千数百年经济制度之压迫，统治阶级，已握有经济上无上威权，复有政治权力以助其镇压，吾工人阶级已感觉沉沦黑暗痛苦，于是竭力图谋解放，工人阶级所能制胜者无他，有广大之贫苦群众，皆能为本身利益而战，有严密之组织，以集中一切势力，由一作坊一工厂，而至于一地方，而一国而全世界，而此次全国第三次劳动大会，即全国工人阶级团结之表示也，中国工人阶级，虽连动历史为时甚暂，然其进步则甚速，而全国劳动大会之召集，实有其极大之关系，盖自第一次大会召集，而有“二七”之流血，有去年第二次劳动大会之召集，而“五卅”之大运动起，开全国国民革命之新纪元，造成中国革命之领导者。全国劳动大会，既以集中我全国工人力量，复总和全国各地奋斗之经验，以共相器法，复借此以与全世界无产阶级相结合，共同推倒大衅大敌帝国主义，其意义绝为重大。今者“五一”劳动盛节，全世界被压迫民众，于此日举行示威，而我全国第三次劳动大会，亦适开会于斯地，国内反动潮流，已继长增高，吾工人阶级之责任，百倍于前，第三次劳动大会之际，必能上继“五卅”奋斗之精神，下开比“五卅”更大之运动，于以解放我民族及阶级！同人等反抗帝国主义罢工，血战经年，睹兹全国工友之团结，愉快与奋兴万分，谨表拥护热诚，唯我全国工友与被压迫民众鉴之，谨此宣言。

（《工人之路特号》，第三百一十一期，
1926 年 5 月 6 日，第二版）

劳动大会之第六日

纪念马克斯一零八周年
苏兆征报告省港罢工状况

昨五日下午二时为劳动大会第六次正式会议之期，地点仍在中央党部礼堂，出席代表计三百七十人，旁听者廿余人，主席陶作然、苏兆征、萧式敏、袁祐青、许世光再由主席团推定王亚璋同志为正主席，秘书长刘少奇报告本日议案，主席宣布今日为马克斯诞日纪念，马克斯为无产阶级的解放导师，吾人应即举行纪念，现邓中夏同志报告马克斯略史，邓登台略谓马克斯为无产阶级解放导师，马克斯主义是无产阶级得到解放之唯一武器，马克斯真正信徒是列宁，依着马克思所指示之道，致成就苏联革命，并创立共产国际，解放全世界人类，推翻国际资本帝国主义，我们在此纪念当中，大家应一齐起立，高呼“全世界无产阶级联合起来”，表示纪念革命领袖精神，大众随起立高呼，次请省港罢工委员会长苏兆征同志报告省港罢工经过，详述省港罢工经过与原因，与罢工内部之组织，大罢工之效果，帝国主义破坏罢工之阴谋，罢工经费之来源，末谓罢工工友，坚持达到胜利解决云，最后又报告英全国工人三日起已举行大罢工，将致帝国主义□命云。

（广州《民国日报》，1926 年 5 月 7 日，第三版）

“五一”劳动节之广州

与会群众达二十余万

广州通讯。“五一”纪念为全世界被压迫阶级向压迫阶级示威日期，此次“五一”纪念，适第三次全国劳动大会，及广东第二次全省农民代表大会，第一次全省教育代表大会，均于是日开幕，故今年情形，较往年尤形热烈，兹将所见事实，择要录下：（一）会场之布置。会场设大东门东郊场，场之中心，设礼坛一座，上悬红底白字之横匾，颜曰：“国民政府下的‘五一’节，是团结一切革命势力反对帝国主义之纪念日。”左右建搭两排座，左为劳动大会代表席位，右为农民代表席位，又于南北两隅设演讲台各一座，满贴标语。（二）到会之人数。国民政府及各团体，均于“五一”前通告是日一律休息。街市张贴各种标语，广州各工会各农会，经宣传队演讲“五一”意义后，尤觉兴高采烈。是日工农军学各界，合计有八百余团体，二十余万人，实粤省空前未有之现象。（三）开会之情形。十二时奏乐宣布开会，推苏兆征为主席。首由中央党部代表谭平山读孙总理遗嘱，次全场静默三分钟，次国民政府代表陈公博报告开会宗旨，略谓工农在社会上之政治经济地位，非常重要。所谓国民革命，即是为工农谋利益，因此国民革命不成功，工农便不会得到解放。是以工农群众，应努力参加云云。次何香凝、施华诺夫等相继演说，又次议决通电全国，一致奋斗，共图解放（电文约四百字）。最后高呼各种口号毕。即整队出发，由惠爱路转长堤至西瓜园散队，沿途散传单甚多。

（上海《申报》，1926 年 5 月 9 日，第六版）

全国学生总会致劳动大会电

八百万学生誓为后盾

全国学生总会昨日特上海来电庆贺中国第三次全国劳动大会开幕。电云，当此世界无产阶级向国际资本帝国主义总示威的“五一”纪念日，又值中国奉直军阀控制北京厉行反动政策之际，以反帝国主义与军阀谋本身利益之改进及民族之解放为职责的全国劳动代表诸君，举行全国第三次大会于革命政府根据地之广州，确定今后作战的计划，这是很有意义的，敝会谨代表全国八百万学生群众，以热烈态度与至诚之希望敬祝贵会的成功，并愿与贵会永远携手共同奋斗，以期达到中国民族解放之目的，中华民国学生联合总会叩。

（《工人之路特号》，第三百一十六期，
1926年5月11日，第三版）

劳动大会第十一次会议

八日为劳动大会正式开会之第七日，是日下午三时，开第十一次会议，会场原系中央礼堂，因是晚系国民党与国民政府在中央礼堂欢迎工农及教育各代表，须预先布置，故改在罢工会训育厅开会，到者三百五十余人。主席团为李立三、冯敬、郭华俊、邓少山、张春友，首由项英同志报告组织问题，及其运用之方法；讨论：甲、工会统一问题，内中包含名称统一、旗帜统一、组织统一、关防统一各问题，乙、纠察队与工人自卫团问题，丙、□公开组织与秘密组织问题；最后决议：1. 国民政府下一切工会应统一案，其名称、关防、旗帜之统一，及纠察队与工人自卫团的名称问题，责成下届执行委员办理；2. 组织问题及其运用方法决议案通过，时已下午六时，遂宣布散会。

（广州《民国日报》，1926 年 5 月 12 日，第三版）

劳动大会闭幕礼盛况

第三次全国劳动大会于本月一日开幕，迨昨十二日，各项议案均已讨论完毕，故于昨十二晚举行闭幕典礼，地点在中央党部，代表出席者五百余人，各界来宾参观者约二三百人，济济一堂，颇极一时之盛，八时许奏乐开会，一切如仪，主席团李立三同志报告，此次为我国工人第三次大会，第一次代表通过代表廿余万人，第二次达到五十余万人，此次已增加百余万人□□□增加，吾国工人运动之热烈和进步，实有无限的希望，第一次大会以后发生了二七运动，这运动是工人参加国民革命先声，第二次大会后发生五卅运动，这一次运动是工人领导国民革命的表现，今次大会——第三次——以后必有更热烈之运动发生，现在可以断言的，溯自开会至今天，已有十二天了，在此十二天当中，我们过去的经验，已集合起来，世界未来的经验，我们也预备接收起来，同时我们反对于教育问题，对于组织问题，失业问题，以及种种问题，均有极好的解决。我们照大会议决案努力做去，定能得到好的结果，去年劳动大会，我们能依议决案做去，已得了不少的功效，今年更加努力去实行大会议决案，必定可以完成国民革命，最后高呼全国第三次劳动大会成功万岁云云，次秘书刘少奇同志报告劳动大会经过情形，（一）代表团统计，代表团共有十个，代表共五百二人，以香港为最多，一百二十五人，以湖北为最少，仅八人；

（二）各省区统计，广东直隶等省共有十九部分，工人以上海为最多，以哈尔滨为最少；（三）工会统计，共有四工会，以香港广州为最多，但会员人数以上海为最多，且组织又最好；（四）到会代表人数统计，代表籍贯以广东为最多，平均每县有八人，最少为东三省及安徽等省，不过二十人；（五）工会入会金统计，最多为一百五十元，最少为一毫，平均一元三毫半，是平均限度，亦未免太高了，因工人概是无产阶级，会金太多，无法缴纳，以致不敢入会，此后务须减少，以求普遍；（六）工会常费之统计，最多者每月一元；（七）各代表年龄统计，平均每人四十岁；（八）开会统计，预备会二天，正式十二天，正式会议十七次，工农联合三次；（九）文书统计，报告十三，宣言三，正式议决案九，报告后之决议案十，公函五，通电五，各地提案四十八宗，收入证书四百三十六，工会名册四十八，祝词五十六，贺电三十六，其他函件共收入七百六十，发出函件共一百四十七；（十）宣传品统计，大会日刊一种，标语八种，每种千份。全国代表在此大会中得到有什么，得到我们将来的成功，我们代表要依议决案去实行奋斗，那就是我们工人莫大的成功在眼前，我们的责任固大，大会闭幕后，我们的责任更重大，我们要奋斗奋斗。次新执行委员及候补委员就职与各代表行相见礼。次冯委员代表新委员致词，工友们，第三次大会已闭幕了，新委员已就职了，在此大会当中，我们可看出有很好的工作，同时得十几条的议决案，这些通通都是为我们工人谋利益，为中国革命谋成功之方法。次来宾演说者，尚有多人，演词从略，最后大呼口号散会，时已十句钟矣。

（广州《民国日报》，1926年5月14日，第三版）

劳动大会第十七次会议纪

选出林伟民等卅五人为下届执行委员

昨十二日下午一时为劳动大会第十七次会议之期，到者代表三百五十五人，主席为李立三等五人。宣布开会理由后，主席团提出致全世界宣言说明此次大会经过案，全体通过，次李森同志宣读中华全国总工会修改总章字句后，随通过全文，但第八条原定常务委员七人，增加二人，故为九人，（一）李立三同志报告，（一）[①] 对于上海总工会议决案，发生数种意见，请大会付表决，原文通过，（二）国民政府高等顾问鲍罗庭报告，国民党中央委员谭平山同志两决议案，请大会通过（原文通过），（三）发表宣言，对东方各国工友统一运动案（通过）。（三）[②] 选举第二届总工会执行委员三十五人。计海员为林伟民、苏兆征、戴卓民三人，上海为李立三、项英、王亚璋、王功、张佐臣五人，铁路为邓培、王荷波、朱少连、刘文崧等四人，广州为刘尔崧、申耀、陆枝、原顺鸿四人，香港为冯敬、沈润生、何耀全、袁容四人，广东各县张春奇，汉冶萍李森，湖北许世光，湖南袁祐青，山东卢星三，广西钟山，天津陶卓然，唐山袁大石，北京丁志华，大连王文石，广东兵工厂一人名未

① 原文序号如此。
② 同上。

详。另又由大会推举四人邓中夏、刘少奇、黄平、陆沉。最后秘书长报告，（一）昨晚四商会欢迎大会中，议决组织工农商学联合会，并由劳动大会、农民大会、教育大会，四商会各派代表四人为执行委员，本会应举出代表四人参加（众议由主席团规定于今晚大会表决）；（二）明日上午九句钟，劳动大会、农民大会、教育大会代表在番禺学宫齐集前往黄花岗致祭先烈，同时海员工会在黄花岗开欢迎大会；（三）明日下午七时，广东全省学联会，香港学联会，广州学联会，在广东大学开欢迎会，十四号十点半，广东铁路总工会在太平戏院开欢迎劳动大会代表；（四）今晚七时半行闭幕礼，时已六时遂宣布散会。

（《工人之路特号》，第三百一十九期，
1926 年 5 月 14 日，第三版）

劳动大会祭殉难纠察文

全国工友愿踏着先烈血迹前进

劳动大会、农民大会代表十三日往祭黄花岗，及纠察诸烈士，尤以罢工纠察诸烈士为反帝国主义而死，表示万分诚敬。其祭文云，省港罢工纠察队殉难诸先烈同志，自此次五卅惨案发生，你们为着全民族的人格，全民族的福利，做反帝国主义队伍中的急进先锋，封锁香港，保护此次反帝国主义政策，与英帝国主义者作短兵相接，血肉相搏的战争，因而步着上海沙基等处先烈之血路，而牺牲而流血，以鲜红的热血巩固了我们反帝国主义的大本营。统一了广东，造成了我们反帝国主义的新形势，使全世界的无产阶级革命群众无限钦仰佩服，而诚心愿与我们携手，共同干世界革命的工作，实行世界无产阶级联合起来的口号。现在更有一件可喜的事情，为诸烈士告者，英帝国主义的内部便有二三百万煤矿工人同志，起来同盟罢工，做打倒英国帝国主义的工作了，而世界的无产阶级工农也起来一致援助，英帝国主义行将倒盘了，而世界一切帝国主义，亦必随着崩溃。这个世界革命的怒潮可说是你们的热血开其先河，世界革命的成功，因你们的牺牲的流血，行将不远！我们在广州开这次大会，一方面检阅我们的力量，一方面决定我们的方针。换言之就是商量怎样打倒帝国主义，解放我们被压迫群众的方法，亦即是商量为你们复仇，完成你们心愿的方法，我们敢带领全国有组织的革命的二百余万工农兄弟姊妹，继续你们的心愿，踏着你们的血路，副着你们的精神，与世界革命群众联合，跑向世界革命的路上，实现我们的主张，全世界人类之解放，我们牺牲流血的纠察队殉难诸同志，其鉴察之。

（《工人之路特号》，第三百一十九期，
1926 年 5 月 14 日，第二版）

劳动大会昨日举行闭幕礼

秘书长作详细之报告

第三次全国劳动大会于本月一日开幕，迨昨十三日，各项议案均已讨论完毕，故于昨十二晚举行闭幕典礼，地点在中央党部，代表出席者五百余人，各界来宾参观者约二三百人，济济一堂，颇极一时之盛。□时许奏乐开会，主席团李立三同志当致词，此次为我国工人第三次全国劳动大会，第一次代表不过代表廿余万人，第二次达到五十余万人，此次已增加百余万人，从此增加，吾国工人运动之热烈和进步，实有无限的希望，第一次大会以后，发生了二七运动，第二次大会以后发生五卅运动，今次大会第三次——以后必有更热烈之运动发生，我们照大会议决案努力做去，定能得到好的结果云云。次秘书厅刘少奇同志报告劳动大会经过情形，（一）代表团统计，代表团共有十个，代表共五百二人，以香港为最多，一百二十五人，以湖北为最少，仅八人；（二）各省区统计，广东、直隶等省共有十九部分，工人以上海为最多，以哈尔滨为最少；（三）工会统计共有四工会，以香港、广州为最多，但会员人数以上海为最多，且组织亦最好；（四）到会代表人数统计，代表籍贯以广东为最多，平均每县有八人，最少为东三省及安徽等省，不过二十八人；（五）工会入会金统计，最多为一百五十元，最少为一毫，平均一元三毫半，是平均限度，亦未免太高了，因工人概是无产阶级，会金太多，无法缴纳，已致不敢入会，此后务须减少，以求普遍；（六）工会当常费之统计，最多者每月一元；（七）各代表年龄统计，平均每人四十岁；（八）开会统计，预备会二天，正式十二天，正式会议十七次，工农联合会二次；（九）文书统计报告十三，宣言三，正式议决案九，报告后之决议案十，公函五，通电五，各地提案四十八宗，收入证书四百三十六，工会名册四十八，祝词五十六，贺电三十六，其他函件共收入七百六十，发出文件共一百四十七；（十）宣传品统计，大会日刊一种，标语八种，每种千份。全国代表在此大会中得到有什么，得到我们将来的成功，我们代表要依议决案去实行奋斗，那就是我们工人莫大的成功在眼前，我们的责任固重大，大会闭幕后，我们的责任更重大，我们要奋斗，奋斗。次新执行委员及候补委员就职与各代表行相见礼。次冯委员代表新委员会致词。次来宾演说者，尚有多人，演词从略。最后高呼口号散会，时已十句钟矣。

（《工人之路特号》，第三百一十九期，
1926 年 5 月 14 日，第二版）

第三次全国劳动大会海员代表联欢会盛况

第三次全国劳动大会经于本月十三号闭幕了，中华海员工业联合总会出席劳动大会的代表，遂于十四号晚在海员工会开联欢会，并设备筵席欢迎广东北上代表团工界代表回粤。是晚七时开会，首由中华海员工业联合总会执行委员长苏兆征同志宣布开会理由，次由冯永垣、毛树珍、古觉岸、胡超、赖满各北上代表相继演说，详述广东北上代表团奋斗经过及列陈两烈士牺牲精神，后有海员各劳动代表相继发言及高呼继续烈士牺牲精神奋斗，世界革命成功万岁等口号，一时革命空气为之高涨，直至夜深而散。

（《工人之路特号》，第三百二十期，
1926年5月15日，第二版）

全国总工会第二届执行委员会第一次会议纪

选举苏兆征为委员长

选举邓中夏等九人为常务委员

决定发起援助英工人罢工

觉悟社云，第三次全国劳动大会，已于昨十二日下午八时在中央党部礼堂闭幕，十七次会议时经已选出第二届全国总工会执行委员林伟民等三十五人，昨日上午十一时，特在全国总工会开第一次全体执行委员会议，到者有执行委员刘少奇、袁祐春、沈润生、项英、丁振华、王亚璋、钟山、朱少连、郭华俊、苏兆征、陆枝、许世光、何耀全、李立三、邓少山、戴卓民、黄平、邓中夏、冯敬、申耀、张春奇、张佐臣、刘尔崧、陆沉、李森等三十余人。议事日程：

（一）推举临时主席；

（二）选举委员长；

（三）选举常务委员；

（四）援助英矿工罢工；

（五）与各地代表谈话。

首推举苏兆征为临时主席，次讨论选举执行委员长方法，决议用记名投票法，开票后，结果苏兆征得廿五票，邓中夏、冯敬各得一票，苏兆征当选为执行委员长。次选举常务委员，结果邓中夏、刘少奇、李立三、朱少连、何耀全、刘尔崧、项英、陆枝等九人当选为常务委员。次讨论援助英矿工罢工办法，先后经刘少奇、邓中夏、李立三、陆沉、黄平发言，皆以为此次英矿工罢工，影响于中国民族革命运动甚钜，非独中国工人，要起来援助，即全国人民亦应起来援助，以推倒世界帝国主义，本会于此应决定最切实办法进行。随决定：（一）发表宣言援助；（二）通告全国各工会援助；（三）各地举行援助英工罢工周，广州即由总工会及工农商学会等克日发起，致电英国各殖民地起来奋斗；（四）通电赤色职工国际援助；（五）作广大之宣传工作，即发传单标语；（六）援助香港英工人罢工；（七）各地代表谈话时注意；（八）请全国各界一致援助；（九）有必要时派代表赴英。最后各地代表谈话，决议：（一）此次大会所得决议案，根据宣传大纲，切实宣传；（二）各地有重大问题，不能解决者，执行委员会可尽可能代表解决；（三）各地应作援助英罢工运动。讨论毕，遂摄影，宣告散会。

（《工人之路特号》，第三百二十期，
1926 年 5 月 15 日，第三版）

以往五次全国劳动大会概述（节录）

《东北日报》资料室

第三次全国劳动大会，于一九二六年五月一日至十二日在广州举行。到会代表共五百零二人，代表六百九十九个团体（总会及分会），一百二十四万一千会员。在此次大会上最重要的问题是总结“五卅”以来全国工人运动的经验和工人运动在国民革命中的地位；并规定在经济上和政治上一切斗争的策略。

关于“五卅”以来全国工运的经验及其在国民革命中的地位，大会宣言扼要指出：“第一，在事实上证明了我们工人阶级是国民革命运动中最勇敢的先锋；第二，中国工人阶级不仅是中国国民革命运动中之先锋，并且是世界无产阶级队伍里的一支有力军队，是世界革命的一支有力军队；第三，对于帝国主义的凶恶与帝国主义之与反动军阀的勾结得到了更深一层的认识；第四，在工人阶级起而参加和领导的真正的反帝国主义运动时，大资本家因阶级利益与阶级偏见而离开联合战线；第五，农民是工人反抗帝国主义和反动军阀的真正同盟者（广东农民的表现是显然的事实）；第六，在国际上真正帮助中国工人和中国国民革命的，只有苏联和世界的工人阶级（如各以经济援助我们罢工和示威反对中国政府等）。”

大会通过关于中国职工运动总策略议决案，该案提出：工人阶级必须利用种种组织形式，团结工人共同奋斗，大产业工人必须赞助各种职业工人的经济斗争和组织，而各种职业工人必须跟着产业工人而为全民族和全阶级的利益而奋斗；工人与农民之关系，不仅是同盟而已，而且工人群众随时要提携着农民一致奋斗；工人阶级应与各阶级革命民众（特别是学生、小商人），建立联合战线。该案并提出当时工人阶级为完成自己的责任，应注意的六个问题：一、工人群众虽然经过五卅运动，但是他们的势力还没有基础，所以工人群众目前就用种种组织的形式团结工人，巩固工人阶级势力的基础；二、利用许多小的斗争（如部份的经济斗争）扩大产业工人和手工业者的组织；三、要求工会组织的自由和劳动法，我们知道在反动局面之下，工人自由和劳动法是说不上的，可是这也是团结工人攻击敌人之一法；四、号召全国工人及民众拥护省港罢工，务必使省港罢工得到适当之解决，因为这是和全国工人运动的盛衰，都很有关系的；五、立即与农民大会商定密切联合一致奋斗的方法，并决定各地有组织工人如何帮助农民组织团体的种种问题；六、敌人破坏我们的又一方法，就是利用工贼，我们须随时尽力铲除工贼。

（《东北日报》，1948 年 7 月 29 日，第三版）

附录

中国工人有力量

孙云鹏

第三次全国劳动大会是在1926年国民革命军出师北伐前夕5月1日在广州召开的。我代表全国铁路总工会参加了这次的大会。当时，由于军阀积极备战，上海的局势已显得异常紧张，来往旅客都要经过伪军警严格检查。因此我在4月中旬从上海乘船出发的时候，化名乐安然，说是到广州去为北京同仁堂采办两广药材的。在经过香港时，我还下船到了九龙车站，去邀请当地铁路工人代表同我一起前往广州。

我到达广州的时间，大概是在4月20日前后，离开会还有十来天。这期间，我曾经先到广州东山去会见了苏联顾问加伦和鲍罗廷同志。他们和我在第二次劳动大会期间曾经见过面，所以这次我们一相见，加伦同志就好像老相识似的同我亲热地握手，运用新学来的中国话说："辛苦了，祝你们胜利！"我向他们表示了衷心的感谢。

随后，我又到省港罢工委员会去找苏兆征同志。当时，省港大罢工尚在继续坚持中，我看到一部分罢工工人已经武装起来，身穿蓝色制服，佩戴着红色臂章，背着枪站在那里，精神抖擞，很是威风。

在"五一"劳动节那天，大会在惠州会馆开幕，参加的代表共有 502 人，代表全国有组织的工人一百二十四万一千余人，共四百多个工会组织。这次大会要是与第二次全国劳动大会比较起来，工人运动已经有了很大的发展。上次大会时有组织的工人是 54 万人，而这次大会在工人总数上却比过去增加了一倍还多。从第二次劳动大会到第三次劳动大会这一年的期间，全国各地工人罢工二百多次，参加罢工的人数共有 80 多万，这在当时世界工运史上是没有过的事情。中国工人运动所以能够在短期间获得这样大的成绩，完全是由于共产党的英明领导和共产党员勇敢与牺牲的精神所得来的。

大会共开了十二天。在大会期间，我们先后听了有关中国和世界的工运、政治、经济状况的各种重要报告。大会通过了很多重要的决议案，还总结了“五卅”以来全国工人运动的经验。“五卅”以来全国工人运动的经验证明：中国工人阶级不仅是中国人民进行革命的先锋，而且是世界无产阶级队伍里的一支有力队伍；广大农民群众是工人阶级进行革命斗争的最可靠的同盟军；在国际上，真正帮助中国工人阶级和中国革命的，只有全世界的工人阶级和苏联人民。

在开会的过程中，大会还通过了给国民政府的请愿书；并由全体代表亲自送到国民政府，请他们早日出师北伐，解放在军阀残酷压迫下的工人，为被军阀惨杀的工人领袖报仇；代表们还表示愿意号召全国工人一致参加。

大会结束以后，中华全国总工会就动手组织工人，准备随革命军北伐。我在当时曾参加了铁道队，后来因为上海还有工作没有结束，所以又先回到上海。我返回上海的时间是 7 月下旬，当时上海各工厂工人已大部分组织起来，在和军阀进行斗争。我看到这情况很是高兴。第二年春天，工人武装纠察队在北伐军到达上海以前，就把军阀赶跑，先期收复了上海，这对大革命是一次很大的贡献。但是，国民党反动派却恩将仇报，在“四一二”大肆屠杀工人，造成空前未有的血案，这是我们永远不能忘记的。

鼎立记

（《中国工人》，第 22 期，1957 年，第 13–14 页）

参加全国第三次“劳大”的回忆

孙长贵

1926 年 4 月中旬，有一天，金永绪（金伯阳）下班回宿舍对我说：“组织上想让你出趟远门，不知你有没有事，家里能不能来找，有没有困难？”我问：“得多长时间，到哪去？”金永绪说：“得个把月二十天的。”我想，组织上叫我出远门办事哪能不去，家里没有什么事，一个月不回家也不会有人来找。在厂我是个学徒工，说我得了病没回来也能挡过去。我把这个想法讲了。金永绪说：“这样很好，你去找傅景阳，什么事他会对你讲的。”

当天晚上，我到工学会找到傅景阳。傅景阳说：“让你当工学会代表，去广州参加第三次全国劳动大会。”我说：“我不了解情况，能行吗？”傅说：“还有印刷职工联合会的魏长魁，一切由他负责，你和魏长魁作个伴，互相照应。再就是把大会精神带回来。”最后又说：“不能穿官徒衣服，得装成商人模样，回去准备准备。”临行前，中共大连地委领导人杨志云和傅景阳向我们反复强调：一定要装扮成行商模样，穿长袍短褂，路上要谈生意，到一个地方换一个名字，一定要注意保密和安全。出发那天，我和魏长魁步行到码头，乘开往上海的轮船，到了上海，住在中华客栈。第二天，我们到法租界联络点找联络人，结果没联系上。我问老魏："怎么办？是不是回去？"魏长魁说："哪能回去，找不到联络人也不怕，咱们有暗号。"这样，我们买了去广州的船票，4月30日下午到了广州码头。下船后，魏长魁把衣包交给我，他去找联系人。一个多小时工夫，他领来两三个人，把我们安排在一所学校住下。这里住的都是长江以北各地来的代表，叫北方代表组，有30多人。来自东北地区的就我们俩。当天下午，北方代表组简单开了个会，互相介绍以后，讲了大会的主要日程。每人发了一枚代表证（叫会签），是铅锡压制的五角星式样的金色证章，正面中间是"代表"二字，下端是"第三次全国劳动大会"字样，背面是孙中山的遗嘱。

5月1日上午8时，具有重要历史意义的第三次全国劳动大会在中山礼堂举行。来自全国各地的工人代表约500多人出席会议，会议开了10天。大会听了国民政府官员、苏俄同志、我党领导人和各地工运领袖的报告。分组讨论时，魏长魁同志谈了大连工人运动情况，我作了补充发言。大会讨论并通过了正式决议案9件：有职工运动总策略，组织问题及其运用方法，经济斗争，罢工战术，工农关系，宣传教育，女工、童工问题等决议案，还有告全国同胞书、中国职工运动的发展、全国政治形势以及各地工会斗争经验的报告等等。魏长魁化名王文石被大会选为全国总工会执行委员。开会期间的一天上午，全国铁路总工会负责人孙云鹏接见了我们北方代表。大会结束后，特地为北方代表出了两辆汽车，拉着我们参观了黄花岗等革命圣地，活动了两天。

我们回到大连是5月20几号了。我把大会发的文件交给傅景阳，并把大会盛况向傅景阳等工学会干部作了汇报。

（刘功成编：《大连市工会志》，辽宁人民出版社，1993 年，第 890 页）